가시꽃이 피었다

| 시인의 말 |

외로움이 이렇게 가슴이 아픈 줄
예전엔 미처 몰랐소.

그리움이 이렇게 가슴이 아린 줄
예전엔 미처 몰랐소.

사랑하는 이들이
멀리 있어도 늘 곁에 있는 것처럼
생각만 해도 행복하여
외로움을 그리움을 몰랐었는데….

어느새 세월이 저만치 흘러가니
왠지 내 곁엔 외로움과 그리움만 남아
마음이 슬프기만 하오.

사랑하는 이들이 내 맘속에 늘 가까이 있어도
마음이 외롭고 그리운 걸
나는 어쩔 수 없구려.

그리운 이들이여!
사랑합니다.

-2021년 마등산에서

| 시집 발간에 부쳐 |

박 민 순 (시인 · 수필가)

　사람은 누구나 이 세상에 한 번 왔다가 갈 뿐이지 두 번 다시 오지 못한다. 불교에 윤회(輪廻:산스크리트어로 '삼사라 saṃsāra'라 하는데 '삶과 죽음을 되풀이한다'의 뜻으로 쓰인다. 바퀴가 돌고 돌아 끝이 없듯이, 중생은 자신이 저지른 행위에 따라 삶과 죽음을 끊임없이 되풀이한다는 뜻)사상이 있지만 믿는 사람도 있고 안 믿는 사람도 있다.
　세상이 좋아졌다고나 할까? 아님 살아가기가 좋아진 까닭일까? 의술의 발달과 각종 영양소가 풍부한 먹거리의 풍요로 우리나라는 100세 시대라는 초고령사회에 진입하였고 노인들은 장수라는 축복을 누리고 있다. 이런 100세 시대에 직장에서 정년퇴직하거나 일을 놓은 노후의 소일거리는 남은 삶을 살아감에 있어 꼭 필요한 요소 중의 요소다. 단 한 번뿐인 인생이기에 삶을 마감하는 노년기에 들어서면 '삶이 허무하다'느니 '인생은 덧없다'느니 하면서 후대에 무엇을 남기고 가려는 본능이 있다. 재력가가 아니더라도 가진 재산을 사회에 환원하는 유언장과 함께 기부 약정서를 쓰기도 한다. 마지막 가는 길에 뜻있는 일로 인생을 마무리하고 싶기 때문일 것이다.

감동이 없는 예술작품은 그만큼 가치가 떨어지기에 예술가는 마음은 물론 영혼까지 울릴 수 있는 역작을 단 한 편이라도 남기려고 조바심을 내기도 한다. '인생은 짧고 예술은 길다'라는 말처럼 제대로 된 작품 한 편이라도 남기고 삶을 아름답게 마무리하고 싶은 소망 때문이다.

늦깎이 시인으로 수많은 사람의 마음과 영혼을 울리는 종소리 같은 시 한 편이라도 남기려고 혼신의 힘을 다하는 송암 김선우 시인과 나와의 인연은 이제 10년째이다. 같은 지역 오산 땅에서 문학을 사랑한다는 이유로 알게 되어 이틀이 멀다 할 정도로 자주 만나 인생 선배인 김선우 시인한테 살아가는 이야기를 들었고 문학계 선배인 나는 답례로 문학 이야기를 많이 들려드렸다.

대한민국에는 시인들이 많기도 하지만 수십 번의 정정과 퇴고를 거쳐 한 편의 시를 완성하는 시인이 과연 몇 명이나 될까? 문학을 나를 과시하는 액세서리쯤으로 '시인'이라는 명함을 주고받지는 않았을까? 정말 인생의 단맛 쓴맛에서 우려낸 고통의 흔적이 흠뻑 담긴 시 한 편이라도 쓴 적이 있었던가?

2007년, 예순세 살의 나이에 문학 세계에 들어온 이후 마약에 중독된 사람처럼 책 읽기와 시 쓰기에 중독되어 하루라도 책을 읽지 않거나 시를 쓰지 않으면 입안에 가시가 돋는다는 김선우 시인이 오산지역의 향토잡지에서부터 지역신문, 경기도 지방신문, 전국 각지의 월간 계간 연간 문예지에 실린 작품들을 모아 12번째 시집 『가시꽃이 피었다』를 이 세상에 탄생시키니 그 감회가 남다를 것만은 사실이다.

 한 편의 시를 써 놓고 수없이 정정하고 퇴고하고 그래도 '마음에 들지 않는다'고 하소연하며 고통 속에서 시 한 편씩을 건져 올리는 김선우 시인은 삶과 현실에 대해 시를 통하여 스스로 묻고 스스로 대답하며 교훈적이며 나라 사랑하는 삶을 살아가고 있다. '그리움'과 '인생'을 주제로 추상적이기보다는 우리들 살아가는 진솔한 이야기가 담긴, 한글만 알면 누구나 읽고 이해할 수 있는 시, 우리 한국인의 정서를 시적 구원을 통하여 서정적으로 표현한 시편들이기에 감성을 자극하기에 충분하고 언제 어디서 읽어도, 낭송해도 부담이 없어서 좋다. 김선우 시인의 시를 읽으면 마치 끝이 보이지 않는 사막에서 오아시스를 만나는 기쁨, 바로 그것이다.

언제부턴가 우리나라 현대시의 흐름이 이해하기 어려운 시로 바뀌고 있다. 그들만의 언어로 극소수만이(대학교 국문과 · 문예창작과 교수나 문학평론가) 이해할 수 있고 일반 국민들에겐 난해(難解)한 시들을 쓰는 시인을 '미래파 시인'이라 대접하기에까지 이르렀다. 과연 외국의 경우도 그럴까? 나는 이해하기 힘든 시들은 몇 줄 읽다 팽개쳐 버린다. 이 세상에 하고 많은 시들 중에서 귀신 씻나락 까먹는 글로 내 머릿속을 고문하는 시를 굳이 읽고 이해하려고 쩔쩔맬 이유가 없기 때문이다.

김선우 시인이 이번에 내놓는 시집 『가시꽃이 피었다』는 백 명이 한 번 읽고 버리는, 아니 책장에서 깨어나지 않는 깊은 잠을 자는 시보다는 단 한 사람이라도 백 번 이상 읽는 그런 깨어있는 시들이 많다.

10년째 만남을 한결같은 마음으로 이어오며 같은 길을 걷는 형님이자 선배로 부족한 나를 친동생 이상으로, 인생 후배로 아껴주고 있다. 누군가로부터 '내가 인정을 받고 있다'는 것은 참말이지 고맙고 가슴 뿌듯한 일이다. 노후를 책 읽기와 시 쓰기로 소일하며 뼈를 깎는 시집 탄생의 고통을 이겨낸 선우 형님에게 축하의 박스를 보낸다.

제1부 그는 바람이라오

바람에 구름 가듯 / 18
마음의 길 / 19
섬 / 20
사랑은 언제나 나를 바치는 것 / 21
내가 만약… / 22
계곡에서 / 23
못다 한 사랑 / 24
당신은 그런 사람 / 25
하냥 그렇게 / 26
소원 / 28
질투 / 30
어느 여인의 내림굿 / 31
나에겐 / 32
그는 바람이라오 / 34
세상에서 / 35
해바라기 / 36
사람은·1 / 38
사람은·2 / 39
사람의 혀 / 40
마등산·1 / 41
어머니 / 42
우리 손주들 / 44

Contents

제2부 나는 시인이 되었습니다

밀머리 / 48
마등산·2 / 50
세월 / 51
나만의 궁전 / 52
샘 / 53
황혼 / 54
그리움 / 55
행여 / 56
마등산·3 / 57
마등산·4 / 58
흔적 / 59
마등산·6 / 60
마등산·10 / 61
관음죽 / 62
화분 / 63
아내에게 / 64
나는 시인이 되었습니다 / 66
안부를 묻다 / 68
아내의 기도 / 69
길에서 화두(話頭)를 줍다 / 70
어머니 목소리 / 71
기다리는 마음 / 72
마등산·8 / 73

제3부 가시꽃이 피었다

삭풍이 부는 날 / 76
꽃배달 / 78
백년 / 80
소년의 죽음 / 81
하늘집 한 채 / 82
낙엽 한 잎의 연가 / 84
고향 생각 / 86
개미의 다비식 / 88
깨달음 / 90
민들레 / 91
평상에 가부좌하다 / 92
추야(秋夜) / 93
기러기 / 94
사랑 하나 / 95
고향 / 96
가시꽃이 피었다 / 97
바람의 사연 / 98
그러려니 / 100
새를 쫓다 / 101
통나무의자 반가상 / 102
별 / 104
별의 목소리 / 105

Contents

제4부 여명의 그리움

누렁이 / 108
내 아내 / 110
꽃이 시든다고 / 112
황혼길 / 113
꿈·1 / 114
여명의 그리움 / 115
길 / 116
어머니의 노래 / 118
아내는 내게 / 120
회상 / 121
그런 사람 / 122
바보 / 124
내리사랑 / 125
사람다운 사람 / 126
야비한 사람 / 127
고독 / 128
공연히 / 129
내 고향 밀머리 / 130
그리운 사람·1 / 131
국유연후유신 / 132
봄과 가을 사이에서 / 133
전해라 / 134

제5부 지리봉 가는 길

바람의 힘　　/ 138
소망　　/ 140
늦가을 길에 · 1　　/ 142
시린 가슴으로　　/ 143
자화상　　/ 144
지리봉 가는 길　　/ 146
꽃잎　　/ 148
넝쿨에 조롱박 열 듯　　/ 149
시인의 초상　　/ 150
하얗게 재만 남도록　　/ 152
가을 소야곡　　/ 153
사랑하였으므로　　/ 154
하얀 코스모스　　/ 156
나, 말 놔도 되지?　　/ 158
꽃과 구름의 향기　　/ 159
연탄 한 장의 생애　　/ 160
바람아! 구름아!　　/ 162
어머니의 텃밭　　/ 164
꽃처럼 살 수만 있다면　　/ 165
인생은 일장춘몽　　/ 166
그리운 강 · 1　　/ 167
부자상전(父子相傳)　　/ 168

Contents

제6부 운암뜰 앞에서

오산역에서 / 172
이 가을에 / 173
아내의 삼천배 / 174
달과 바람과 / 175
인연·1 / 176
건듯 부는 바람에도 / 178
냉이꽃 편지 / 180
님 그리워하며 / 182
가을 랩소디 / 187
겨울 민들레 / 188
운암뜰 앞에서 / 190
나는 어디서 왔는가 / 191
흙에서 캔 나의 노래 / 192
아름다운 '해랑달' / 194
겨울 쪽파 / 196
이른 봄 / 198
지리봉의 봄 / 199
매화, 꽃등 켜다 / 200
오동나무 손톱 / 202
벚꽃 손주 / 203
미소를 사랑했던 시인 / 204
밤하늘 바라보며 / 205

제7부 눈물 조각사

아내의 고추잠자리 / 208
복사꽃 그늘 아래 / 210
그년 때문에 / 211
옛 시집을 펴들고 / 212
명태 / 214
아름다운 여백 / 216
이런 날 / 217
눈물 조각사 / 218
대추나무 메뚜기 / 219
고적한 간이역 / 220
밥상 / 221
다듬이 소리 / 222
화원의 달빛 / 224
구름의 얼굴 / 225
봄이 오는 길목에서 / 226
편지 / 227
그 사람 / 230
만남 / 234
팬지꽃 그녀 / 236

작품해설
그리움, 행복했던 날들의 비망록 / 238
경암 이원규(시인 · 문학평론가)

Contents

꼬마 시인 김동수 작은 시집
행복한 주말

하늘　　/ 276
아름다운 별　　/ 277
별　　/ 278
우주　　/ 279
눈사람　　/ 280
로봇　　/ 281
엄마　　/ 282
울 엄마　　/ 283
문어　　/ 284
바람은 변덕쟁이　　/ 285
여름　　/ 286
비 오는 날　　/ 287
번개　　/ 288
추석　　/ 289
닮은꼴　　/ 290
짤막한 대화　　/ 291
자랑스러운 우리나라　　/ 292
학교　　/ 293
친구　　/ 294

작품해설
반짝반짝 빛나는 꼬마 시인의 꿈　　/ 295
경암 이원규(시인 · 문학평론가)

가시꽃이 피었다

1부

그는 바람이라오

바람에 구름 가듯

이 산 저 산
오고 감을
상관치 않겠으나
착한 마음
아프게 말아주오
이 자리
저 자리
따지지 마시고
바람에 구름 가듯
달빛 흐르듯
그냥
그렇게
살아봄이 어떻겠소

―『오산문화』제44호 2007년 12월, 오산문화원

마음의 길

세상에 태어나면
가는 길은 누구나 한 길
가는 길에는 좋은 길도 있을 것이요
험난한 길도 있을 것이니
앞도 보고 가고
좌우를 살펴보고 가기도 하지요
아무리 반듯한 길도
옆으로 가면 옆길이요
뒤로 가면 뒷길입니다
휘어진 길을 간다 해도
내가 바르면 바른길을 가는 것이요
내가 바르지 못하면
바르지 못한 길을 가는 것입니다
내가 없으면 길도 없는 법
무슨 길인들 소용이 있겠습니까.

-『문예사조』 2008년 8월호 신인상 당선 시

섬

섬을 섬이게 하는
바다와 파도
바다를 바다이게 하는 섬
홀로 우뚝 서서
파도에게 매를 맞고 있습니다
서로를 서로이게 하는
어떤 말을 끝없이 주고받으며
천년만년을 바람에 기대어
하늘의 구름에게
암호문을 읽어 주고 있습니다.

−『문예사조』 2008년 8월호 신인상 당선 시

사랑은 언제나 나를 바치는 것

어쩌면 우리는
사랑하기에도 짧은 인생을
그냥 맴돌고 있는지도 모릅니다
그대와 나 얼마나 만나기 어려운 인연인가요
그대의 사랑을 받으려고
안쓰러운 마음으로 서성이기보다
아낌없이 나의 사랑을 그대에게 바치겠습니다
그리고 그 행복한 씨앗 하나 마음에 품고
떠날 수 있다면 더욱 행복하게 생각하겠습니다

그대여
오늘의 아름다운 하루가
사랑함으로써 당신에게
늘
좋은 날이길 기도합니다.

―『문예사조』 2008년 8월호 신인상 당선 시

내가 만약…

내가 만약 빗물이 될 수 있다면
목 타는 밭의 작물과 흙을 적시며
냇물로 흘러 강으로 바다로
흘러가고 싶습니다

내가 만약 음악이 될 수 있다면
슬픈 사람, 괴로운 사람
마음 달래주고 가슴을 적셔주는
눈물과 같은
음악이 되고 싶습니다

내가 만약 넓은 대지라면
집 없는 사람들의 집터
아름다운 나무들을 키워주는
그런 대지이고 싶습니다

―『한국작가』 2008년 가을호 신인작품 당선 시

계곡에서

햇빛 거두는 곳에는
바람도 서늘합니다

꽃과 새들
앉을자리 찾지 못해
슬퍼하네요

나뭇잎은 어이하여
파르르 떨고 있나요

달빛 어린 계곡엔
목멘 듯
맑은 물 잔잔히 흘러갑니다

─『한국작가』2008년 가을호, 신인작품 당선 시

못다 한 사랑

그대와 하나가 되기 위해
손잡을 때
바람은 차고
가슴은 뜨거웠습니다
어떠한 경우라도
무너지지 않은
산 같은 사랑이고 싶었기에
그대와의 질긴
그리움의 노끈 움켜쥐고
못다 한 사랑
가슴 드리울 때
나는
그대의 이름만 들어도
내 가슴은
벅차오릅니다

-『오산문학』 제19호 2008년

당신은 그런 사람

돌아서면
하고 싶은 말 있는 것 같은 사람
허공을 쳐다보면
허공을 도화지 삼아
그 얼굴 그려보고 싶은 사람
한 번쯤은
만났던 사람 같은 사람
허락될 수 없어
다음 생에 만날 것을 약속한 사람
그대 얼굴 알 듯 모를 듯
생각나지 않아
자꾸자꾸 생각하게 하는 사람
자꾸자꾸 생각하니
이제는
마냥 그리운 사람
당신은 나에게 그런 사람입니다

-『오산문학』제19호 2008년

하냥 그렇게

님이여
꽃이 피고 새가 울면
봄이 왔구나 생각하시어요
하늘은 높고
휘영청 달이 밝으면
가을인 줄 아시어요

세상이 밝으면 참 밝구나 생각하고
어둠이 찾아오면
참 어둡구나 생각하시어요
내가 밉다고 생각하면
참 밉구나 생각하시어요

나는 하냥
산을 산으로 알고
바다를 바다로 알고

해가 뜨면 달이 지고
 산이 깊으면
 물이 차갑구나 생각하겠습니다
 하냥 그렇게.

                              -『문예사조』2009년 2월호

소원

내가 사랑하는 사람은
작은 일에도 고마워하고
자신이 바라는 것도
남에게 먼저 배려하는 마음과
내가 몸이 아프다고 하면
한걸음에 달려와 걱정하며
내 곁을 지켜 주는 사람

슬픈 일이 있을 때도 먼저 찾아와
같이 슬퍼하여 주며
무엇이든 부탁하면 귀찮아하지 않고
정성을 다해 들어주는 사람

따뜻하고 겸손하며
성실한 마음으로
내 목소리만 들어도 그리웁고

사랑이 가득하고
밝고 명랑한 마음이 가득한
그런 사람이면 소원이 없겠습니다.

-『문예사조』 2009년 2월호

질투

그대의
희고 고운 살결
세월이 그려준 잔주름
앞가슴 살짝
벌려 입은 옷매무새
내 마음 녹일 것 같은
그대의 밝은 미소
다른 사람 자주자주
눈독 들이게 하지 마오

그게 바로
칼날 없는 칼이라오
그대여
다른 사람 자주자주
눈독 들이게 하지 마오
그대 사랑
남의 것 될까
그게 싫소.

-『문예사조』 2009년 2월호

어느 여인의 내림굿

그녀는 결심한 듯
고운 옷 갈아입고 양손엔
칼을 들고 물동이에 올라서서 춤춘다
내림굿이란다

잘못된 것 다 걷어 간다며
그녀의 어머니를 위로하는
스물아홉의 젊은 여인
날카로운 작두 위에서
방울을 흔들며 신 내린 듯
껑충껑충 하늘로 솟구치며 춤춘다

그녀는
그렇게
산 자와 죽은 자의
틈 사이에서 살려나 보다
무속인으로

-『한국작가동인 사화집』제3집 2009년 9월

나에겐

나에겐
눈감으면 아련히 떠오르는
님이 있습니다
그 님은
불러도 불러도 또 불러보고 싶은
그리운 님이랍니다

나에겐
보아도 보아도 또 보고 싶은
님이 있습니다
그 님은
주어도 주어도 무엇이든
다 주어도 아깝지 않은
그런 님이랍니다

나에겐
영혼까지 송두리째
오래오래 영원히 가슴에 품고 싶은

그리운 님이 있습니다
나에겐 눈감으면 아련히 떠오르는
그런 님이랍니다

-『한국작가동인 사화집』제3집 2009년 9월

그는 바람이라오

그대여
내 갈 길 나도 모르는데
바람인들 길을 알겠소
잠시인들 머물지 못하는
그는 바람이라오
그대여
문도 열어 주지 마오
느닷없이 불어닥치면
그땐
어찌하려오
내야 꽃잎 떨어지든
잎이 지든
상관치 않겠으나
그런 바람 휘몰아쳐 가버리면
다시는 못 온다오
행여 그런 바람 반길 생각하지 마오
내 마음 아프다오

—『한국작가동인 사화집』제3집 2009년 9월

세상에서

세상에서
가장 따가운 것은
바늘에 찔린 손가락인줄
알았더니
오곡이 익어가는
가을 햇볕이 따갑더군요

세상에서
가장 힘든 것은
가난인줄 알았더니
그대 그리움이 더 힘들더군요

세상에서
가장 행복한 것은
혼자만의 자유가 행복인줄
알았더니
그대와 함께한 시간이
더 행복했습니다

―『오산문학』제20집 2009년

해바라기

청명한 가을 하늘
해바라기
노란 꽃잎 바람에 춤춘다

잿빛 씨앗
가슴 가득 안고
둥근 얼굴 활짝 웃음 품고 하늘을 본다

무엇이 그리워
애처롭게
여름이 가고 가을이 와도
바라만보다가

그리운 님
저녁노을
하늘끝 땅끝 사이 숨어들면
고개 숙인 채

또다시
내일을 기다린다

—『오산문학』제20집 2009년

사람은 · 1

잘한 일에
칭찬할 줄 알고
정의롭지 못한 일에
비난할 줄 아는 사람이
정당한 사람이다

사람들은
그런 사람들의 인격을
존중해야 한다

하지만
잘한 일에 질투하고
정의롭지 못한 일에
동조하거나
합리화하는 것은
옳지 못한 사람이다
그런 사람은
인격적으로도
문제가 있는 사람이다

―『오산문학』제20집 2009년

사람은 · 2

이기심은
자기를 우상화하고
욕심은
탐욕의 대상을
더 크게 만든다

또한
남을
비평하고
미워하면
자기도 결국엔
파국을 맞는다

사람은
높은 곳을
올라갈 때보다
내려올 때
더 아름다워야 한다

―『오산문학』제20집 2009년

사람의 혀

혀는 뼈가 없다
그러나
뼈도 부러뜨릴 수 있다
혀는 힘이 없다
그러나
장사도 넘어뜨릴 수 있다
혀는 발이 없다
그러나
능히 천 리를 갈 수 있다
혀는 날개가 없다
그러나
온 천지를 자유롭게 날아다닐 수 있다
혀는 연장이 아니다
그러나
부수고 자르지 못하는 것이 없다

-『오산문학』제20집 2009년

마등산 · 1

숲에 들어서니
바람은 나무를 흔들며 지나가고
싱그런 내음
곱게 핀 꽃잎
살랑살랑 춤춘다
산까치
이, 저 산 오르며 노래 부르고
희미한 안개
풀끝
이슬로 맺힌다
지리봉!
푸른 물결처럼 굽이굽이
오!
머~언 하늘 땅끝 사이로
붉은 태양 솟아올라
이 세상 우주홍황이 품에 안긴다

-『오산문화』제51호 2011년 7월, 오산문화원

어머니

어릴 적
어느 여름밤이 생각납니다
동생과 나는
앞마당에 멍석을 깔아놓고
하늘을 보며 별 하나 나 하나
별을 세면서
별들과 이야기하며
들일을 하러 가신 엄마를 기다렸습니다

어둑어둑해서야
돌아오시는 어머니는 부랴부랴
자식들 저녁 먹이려고 부엌으로 들어가시면서
배고프지?
네!
조금만 기다려
동생과 나는 배고픔도 잊은 채
엄마가 오셨다는 안도감에
그만 잠들고 말았습니다
어머니는

얘들아 일어나 밥 먹고 자야지!
어머니는
우리들을 깨워 저녁을 먹인 뒤

늦은 밤이 돼서야
당신도
한술 뜨는 둥 마는 둥 하시곤
자리에 누우신 어머니는 긴 앓는 소리에
눈물을 주르르 흘리시는 엄마

서른일곱에 시부모와 남편까지
저세상으로 보내신 어머니
남자들도 힘든 농사일에 묻혀 사시며
이렇게
우리 형제들을 키워주신 어머니

나도 늙어 그때를 회상하니
우리들이 먹고 입은 옷과 음식
이 모두가
어머니의 피눈물이었음을
이제야 깨달았습니다.

-『문예사조 사화집』2009년 (2010년 3월 발행)

우리 손주들

주말이면
손주들이 온다
밖이 왁자지껄하고
소리가 커지면
내 손주들이 오는 소리다

가게에
들어서면서부터
동리와 채정이 품에 안기면
동수는
코가 땅에 닿을 정도로 엎드려 절을 한다

손주들은
할아버지 할머니한테
재롱 떨기 바쁘다
자식 키울 땐 그저
든든하고 대견스럽더니

손주들은
눈에 넣어도 아프지 않을 것 같다

너무 예쁜 우리 손주들
너희들이 크는 만큼
이 할아버지는 저물어가는데

아!
흘러가는
세월이 야속하구나

우리 손주들
대학도 가고 짝도 지으면
꽃도 피우고
탐스러운 열매도 맺는 것 볼 수 있을까?

세월은
쉬지도 않고 흘러가네.

-『문예사조 사화집』 2009년 (2010년 3월 발행)

가시꽃이 피었다

2부

나는 시인이 되었습니다

밀머리

내 고향 밀머리는
1914년까지는 청호면에 속했으며
1915년 수원군 오산면으로
1960년엔 화성군 오산읍 원2리로
1989년 오산시로 승격으로 인해
밀머리를 비롯해 원동, 역말, 당말, 우촌, 원리, 오산4리
1995년 4월 진위면 청호리, 갈곶리, 고현리도
대원동으로 편성됐다.

밀머리 뒷동산에는
진달래 개나리꽃 피고 동산에 올라서면
운암뜰과 시내가 한눈에 보이며
아이들의 놀이터이기도 했다
뒷동산을 끼고 마을을 지나가는 도로는
수원, 평택, 용인, 안성으로 이어지는
교통의 중심지였다.

밀머리라는 마을 이름은 오랜 옛날

물난리를 피하여 사람들이 밀려와
붙여진 이름이라는 설과

장마가 지면 물이 밀려와서
모래와 흙이 뒷동산 밑까지 쌓여 생긴
마을이라는 설도 있다

밀머리 웃말 웃말 명칭은 흔히들 두겨물이라 불렀다.
에는
임금님도 먹었다던 두겨 우물이 있었고
우물을 시작으로 실개천이 흐르고 물이 많아
미나리도 기르고
마을 앞 개미뜰 아래
황새포는 포구로 배가 소금을 싣고
왕래하던 곳이라 한다

내 고향 밀머리는 1945년
내가 태어난 고향이다

-『오산문화』제50호 2009년 11월, 오산문화원

1) 웃말 명칭은 흔히들 두겨물이라 불렀다.

마등산 · 2

떠오르는 새벽빛 닮아
이슬 내리면
풀잎과 나뭇잎 덩실덩실 춤춘다
1봉에 올라서니
산까지 나를 반기고
2봉에 올라서니
뻐꾸기 노래 부르며 연주를 한다
비탈길 지나
지리봉에 올라서니
바람이 향기로 다가와 얼굴을 스친다
하늘이 열린다
바람이 구름을 몰고 간다
들꽃 향기 코끝을 스친다
아,
강한 오열의 흔들림에 그리움이 밀려온다.

-『한국작가동인회 사화집』제5집 2011년

세월

세월아 가려거든
홀로 갈 것이지
어찌,
같이 가려 하느냐
내 얼굴 저승꽃이 피고
검은 머리
백발 되어 허망하거늘
어찌,
같이 가려 하느냐
세월아
아직 기다리는 님이 있으니
날랑은 버려두고
홀로 가려무나

-『오산문학』제22호 2011년

나만의 궁전

한 평도 채 안 되는 나만의 자리
책과 우편물 원고지와 볼펜들이
어지럽게 흩어져 있는
나는 그런 것들의 편안함이 좋다
책들을 베개 삼아 누워
꿈처럼 잠들기도 하고
그리운 이를 그리워하며
나만의 시를 짓고
나만의 탑을 쌓아 올리는 곳
나도 모르는 새
흩어져 있는 것들의 편안함에
길들어 있는데
어디에서 이만한 즐거움을 찾을까
나만의 궁전에서 나는
아무런 아픔도 슬픔도 없는
한 마리 나비가 된다.

-『한국작가동인회 사화집』제5집 2011년

샘

내 가슴엔
마르지 않는 사랑의 샘물이 있다
늙음도 잊고
퍼내고
퍼내어도 솟는 사랑의 샘이 있다
내 가슴엔

-『오산시문학』 제3집 2012년 1월

황혼

세월이 나를 끌고 간다
쉬지 않고 내 삶을 조금씩 덜어간다
쫓기듯 살아온 세월
뒤돌아보니
푸르렀던 꿈
노을빛으로 물들어 있다
아,
밀려오는 회한
온 산천을 다 적시고 있다

-『오산시문학』제3집 2012년 1월

그리움

이따금 넋을 잃고
머~언 하늘 바라보면
어딘가에 빛나고 있는 작은 별
다시는 볼 수 없다는 생각에
차마 잊을 수 없어
그리움 가득한 기다림만이
온 밤을
까맣게 태운다
내가 이렇게 그리운데
그대 또한 내가 그리울까?

-『오산시문학』제3집 2012년 1월

행여

어느 날
그래
문득 찾아와
길고 긴 날을
터질 듯 벅차고 찢길 듯한 아픔이
번뇌로 가슴 앓다가
슬며시
사랑으로 피어난 그대
그대 곁에 머물 수 있다면
세상일
모두 잊고
깊은 산속에 숨어
행여
기다리는 세월이
천 년이면 어떻고
만 년이면 어떠리

―『아시아 서석문학』 2012년 여름호

마등산 · 3

푸른 신록
아침 햇살에
반짝이는 나뭇잎
잠 덜 깬 누에처럼
느릿느릿 비단길 지나
지리봉,
정상에 올라 보면
누군가 펼쳐 놓은
바위 같은 침묵과 세월
오,
자연아!
네가 거기에 두고 간 최고의 선물
나는 말없이 너를 품는다

―『한국작가동인회 사화집』제6집 2012년 8월

마등산 · 4

그리움도 잊고
근심 걱정 훌훌 털고
세상일 모두 잊고
오직 앞만 보며
지리봉을 향해 걷는 마음
모두 벗는다는 것은
아주 가벼워진다는 말이지
정상에 올라
한숨 돌려 앉으니
가벼워진 마음의 골짜기를 흔드는
잔잔한 바람
산 내음을 풀어놓는다

-『한국작가 동인사화집』제6집 2012년 8월

흔적

귓가에 맴돌고 있는
숱한 밀어
하늘을 보면 아른거리는 수많은 별
그 기억들을
하얗게 지우고 지워도
내 가슴에 남아 있는 너의 흔적은
지울 수가 없구나
어느새 황혼은 세월이 되어
산 너머 넘어가고 있네

―『한국작가 동인사화집』제6집 2012년 8월

마등산 · 6

통나무의자 위로

나비가 날아 앉듯
낙엽 한 잎 앉았다

숲의 고요를 깨는
풀벌레 울음소리

그날은
가을비가 밤새 내렸다

—『동서문학』 2012년 가을호

마등산 · 10
－청춘을 돌려다오

가쁜 숨 헐떡이며
지팡이 짚고
그리움 한가득 짊어지고
올라가는 지리봉 비단길
햇빛이 나무들 사이로 반짝거린다
차디찬 바람이
앙상한 나뭇가지를 흔들자
마지막 잎새
외롭게 떨고 있다

나무에 걸려있는
'청춘을 돌려다오'

통나무의자에 앉아
푸르기만 했던
내 젊음의 노트를 꺼내 본다

－『동서문학』 2012년 가을호

관음죽

겨우내
안으로 인내하며
관세음보살 자비심이
연분홍
고사리 같은
속살 드러낸 꽃
봄빛,

눈부시구나!

―『시예문학』제16집 2013년 6월

화분

한 걸음에 또 한 걸음을 더하다 보면
그 걸음 앞에 놓인
화분 하나를 만날 수 있다
마음 담을 그릇조차 없이 나는
무슨 꽃을 피우기 위해
그 먼 길을 걸었는지
내 마음의 흠집에서 얼룩을 걷어낸다
그 얼룩 안에서
팔을 걷어붙인 후회의 다발들이
뚜벅뚜벅 걸어 나온다
그러더니 세 들어 살고 싶은 그 화분 안에
뾰족한 싹을 틔운다
한 자루 가위를 들어 싹둑 도려내고 싶지만
그마저도
내 삶의 귀퉁이
한 장 초록 잎사귀일 것이라는 생각
오늘 온종일
수많은 사람에게
내 화분에 핀 꽃을 보여주었던 것인데

－『시혼』 창간호 2013년

아내에게

잔주름이 하나둘 늘어가는
당신의 모습을 보니 왠지 가슴이
뭉클하고 눈물이 곧 나올 것 같으오
사십 년이 다가오도록 당신에게
도움도 못 주고 다정한 말 한마디 못하고
늘 당신의 사랑만 받았나 보오

여보!
당신은 나에게 사랑스러운 아내이지만
때로는 친구처럼 때로는 어머니처럼
한겨울 따듯한 아랫목처럼
포근한 나의 보금자리였답니다

한때는 고통의 세월도 있었지만
이제는 천사 같은 며느리도 생기고
어여쁜 손자 손녀 재롱도 보고
요즘은 안정된 생활을 하는 아들을 보니

얼마나 뿌듯한지 모른다오

이 모든 것이 다 당신이 꿋꿋하게

지켜준 덕이라 생각하오
여보!
이생에 당신에게 보답을 못다 한다면
다음 생에라도 태어나
당신에게 이생에 못다 한 사랑
두고두고 다하리다

열 번 백 번 사랑한다 하여도
아깝지 않은 당신
진정 당신을 사랑하오.

-『시예문학』제16집 2013년 6월

나는 시인이 되었습니다

산이 산으로 보이고
바다가 바다로 보인다
파도가 치면
파도 소리가 들리고
시냇물이 흐르니
시냇물 흐르는 소리가 들린다

비가 오면 비를 맞고
눈이 오면 눈을 맞는다
바람이 불면 바람에 스치고
님이 웃으면 따라 웃고
님이 쌀쌀해지면
내 마음도 쌀쌀해진다

보이면 보이는 대로
보이지 않으면 보이지 않는 대로
두려움과
끊임없는 고뇌 속에 몇 년을

그렇게
보이지 않는

님의 마음과
꽃이 꽃으로 보이기까지

길고
긴 시간!
님 덕분에
나는 시인이 되었습니다.

-『시예문학』 제16집 2013년 6월

안부를 묻다

산다는 것
언제 어디로 떠나게 될지 모를 인생
영원히 머물 속셈으로
무한대의 시간을 기다린다는 것은
어쩌면 욕심일 거라는 생각
주름살은 늘어만 가고
정든 님들은 멀어져간다
모두 떠난 빈자리에
햇살 내려와 깔리고
무덥고 긴 장맛비 끝으로
바람은
지리봉을 밀고 있는데
오솔길 따라
가을이 오고 있네
뜨거웠던
나의 여름은 지금
누구의 안부를 묻고 있는가.

  －『문예사조』2013년 7월호

아내의 기도

아내는
마음 다스린다고
백련암으로 가고
나는
시를 짓는다고
긴 밤을 꼬박 새웠다

닷새가 지난 후

나는

포근한 봄빛을 안았다.

-『문예사조』 2013년 7월호

길에서 화두(話頭)를 줍다

마음이라는
빛이 머무는 그릇
석등을 등대 삼고
마음을 다스려
허리를 바로 세우고
눈을 지그시 고정하고
숨을 고른다

돌탑, 부도에 숨겨진 그것은
나는 누구인가
생사를 뛰어넘어 업을 태우고
진리를 등불로 삼아도
화두는
공중에 떠다니고 망상만이 일어난다
시간과의 싸움
걸어온 길,
하루하루를 지워본다

－『한올문학』2013년 8월호

어머니 목소리

비가 화원의 차양을 때리며
온종일 내립니다
이 비 그치고 나면
어머니의 잔소리처럼 총총 볶아대던 목소리
그 소리야 이 비 그치면
바람에 말갛게 헹궈서 사라지지만
귓전을 챙챙 울리는 어머니 목소리는
지워지지 않습니다
어머니!
당신의 뒷모습처럼 비가 내립니다
차마 날 두고 갈 수 없어
주춤대는 당신의 굽은 등 뒤로 내렸던 비처럼
하염없이 내립니다
당신은 발자국 대신 빗소리를 남겼지만
나는 빗소리를 떠나보낼 수 없어
부연을 피워 올리는 비의 꽃대를 잡고
하냥 우옵니다.
　　　　　　－『한국작가동인회 사화집』제7집 2013년 9월

기다리는 마음

비를 기다리는 나의 마음은
갈증으로 가득하고
꿈속을 오가던 행복했던 시절은
바람에 실려 천천히 멀어져갔다
내 생각 깊은 우물에 빠져
심연을 더해 갈 때
울적한 바위처럼
가슴을 적시는 아지랑이!
눈 감으면 더욱더 그리워
화원 한쪽의 하늘을 바라본다
영산홍은 붉게 지는데
아직도 오지 않는 비
나는
나뭇가지에서 비를 기다리는
벤자민 열매 같구나.

-『한국작가 동인 사화집』제7집 2013년 9월

마등산 · 8

길섶 한쪽에
벌레 한 마리 웅크린 채
조금씩 꿈틀대고 있다
지팡이로 건드려도 기어가질 않는다
다음날
그 길을 가다 보니
벌레는 죽어서
개미 떼에 몸을 뜯기고 있다
개미들은 분주하게 줄지어
집으로 먹이를 나르고 있다
벌레는 죽어 개미들에게
자기의 몸을 보시하는 격이다
벌레의 삶!
내 삶은 무엇이 다르겠는가
나는 죽어서
누구에게 내 몸을 보시할 것인가
벌레만도 못한 삶을 사는
내가 아닌가.

-『문예사조』2013년 12월호

가시꽃이 피었다

3부

가시꽃이
피었다

삭풍이 부는 날

사람이
나이를 먹을수록
사소한 일에도 노엽고
마음이 편협해진다고 하더니
내가
그런가 보다
세상 살면서 아무것도 이루어 놓은 것 없이
나이만 먹는 것 같아
나 자신을 들여다보니 부끄럽다
겉으로 웃고
속으론 미워하기 다반사
머리가 아닌
가슴으로 이해하지 못한 일들
때늦은 참회가 무슨 소용인가!
그러면서도
누군가 그립고
마음이 울적하면
반가운 친구라도 찾아와

말동무라도 되어주길 바라는 욕심
왜 그리도

아웅다웅 다투었는지!
차가운 삭풍이 부는 오늘
이것저것 생각하며 밤하늘을 보니
수많은 별은 반짝이고
초승달은
나를 보고 환하게 미소 짓는다

-『한국작가』 2013년 겨울호

꽃배달

전라도에서 왔다는 꽃배달 그이
가정이 어려워 돈 벌러 왔다가
그냥 오산에 눌러앉아 산단다

지내다 보니
이웃이 좋아서 그랬단다

마음이 여려
달 밝은 밤이면 어머님 생각에
남쪽 하늘만 바라본단다

꽃 피는 봄이면
친구들과
철쭉꽃 곱게 핀
고향 산천이 더 그립단다

오늘도 바삐 달리는
꽃배달차

누르는 클랙슨 소리에
깨어나는 꽃잎들을
어머니를 향해 날려본다

                    -『한국작가』2013년 겨울호

백년

마등산 나뭇잎 지는 소리가
사무치게 그리운 날

구름의 집은 바람 부는 쪽에 있고
사람의 집은 마음 머무는 곳에 있다고
누가 일러준다

또 하루가 그냥 지나간다

―『시혼』 창간호 2013년

소년의 죽음

어느 날
중학생 소년이
스스로 목숨을 버렸다
친구들의 따돌림과 뭇매
가혹행위 못 견뎌
살아갈 날 창창한데
유서 한 장으로 세상을 마감했다
친구도 싫고
공부도 싫고
가족도 싫은지
바람 찬 겨울날
세상을 떠났다

세상도 같이 죽었다

-『시혼』 창간호 2013년

하늘집 한 채

세상살이 저만치 접어두고
화원 한 켠에 앉아
지난날의 책갈피를 넘기며
안타까운 마음 달랜다

아직도
나의 뇌리에서 지워지지 않는
세월이란 수묵화 속
오래된 풍경
옛것은 다 지워졌어도
화인으로 깊게 남아
아파트 숲으로 둘러싸인
나의 몸을
하늘 중간쯤에 내다 건다

늦기 전에
가끔 오르던 마등산 등성이쯤
하늘 닮은 집 한 채 지어두고

가슴에 남은
그리운 이들을 그리며

남은 생을 걷고 싶다

어느덧 시간이 흘러 초저녁
소나기 한줄기가
맑았던 하늘을 샅샅이 뒤져
후드득후드득
노을을 찾아
그예 집어삼키고 있다

-『글길문학』제40호 2013년

낙엽 한 잎의 연가

입동이 가고
다가오는 동지를 맞이하기 위해
마등산을 오른다
숱한 마음의 부침(浮沈)을 예감하고
진눈깨비는 오락가락
온몸을 두드린다
수척해진 바람 남기고
멀리 떠나버린, 차마 부르지 못했던
누군가의 뒷모습처럼
아득하게 자리 잡은 봄날과
애잔하게 울음 울던 풀벌레
두 계절의 사이로 번지는 뜨거운 여름이 그립다
한 우주가 온전히 돌고 돌 듯
내 삶과 그리움도 맞물려 돌아가는데
무엇을 그리워하나
또 무엇을 애석해하나
앙상한 나뭇가지에 낙엽 한 잎

대롱대롱 매달려
그리움을 울고 있는
아침 한나절.

—『한국시인연대 사화집』제23집 2013년

고향 생각

영마루 한가로이 구름 쉬어 가는
어느 날 가을 오후
소슬한 바람 부니
가슴도 쓸쓸하다
물소리
산새 소리
모두 고향 같은데
코스모스 꽃길 가꾸던
울 엄마는 어디 갔나

달은 밝아 는실난실
달빛 꼬고 앉아 있는데
어디 어느 풀숲에서
들국처럼 환히 피는
이름 모를 풀벌레 소리
지금도 고향 밭에선
청고추 붉게 익어

흰 수건을 동여매신 울 엄마
뙤약볕에 앉아 있겠네.

─『문예사조』2013년 12월호

개미의 다비식

마등산 오르는 길에
개미 한 마리가 죽은 개미를 물고
가파른 비탈길 오르는 것을 보았다
평생을 동반자로 함께 했을 것 같은
아니면,
부모·자식으로 맺어져 오랜 시간을
함께 했을 것도 같은 개미의
장례행렬!
흰 눈 수북이 쌓인 겨울 한복판에
꽃을 피우고 떠나셨던 아버지와
상여 둘레로 퍼져 나갔던 선소리꾼의
요령 소리에
유년 내 발걸음이 얼어붙었던 순간처럼
개미의 장례행렬 앞에
얼어붙어 있었는데
눈꽃 피었다 진 그 자리에 오늘은
풀꽃이 피어

죽은 개미를 불사르고 있는
꽃향기 둥근 어깨를 엿보고 있다

─「오산시민신문」 2014년 2월 27일

깨달음

하늘은 높고 청명한데
긴 세월
태우다 태우다가
늙어서야
생애를 달랜다
일찌감치
시는
그 뜻을 알아챘다

-『오산시문학』제5호 2014년 3월

민들레

엄동설한 이겨내고
보도블록 틈새에 피어나서
한봄을 서성이더니
금세 백발이 성성하구나
가는 세월이야
흩날리는 홀씨처럼 부질없다만
바람에 절름대다
잠시 허리 펴고 선 너의 모습
야윈 민대머리가 안타깝다
너는 어디서 왔느냐
너는 어디로 가느냐
행인들의 발길에 차이고 짓밟혀도
민대머리 곧추세우네
그래 안다 너는
노란 수레바퀴 타고 가는 계절의 윤회와
다시 올 봄이 있음을 알기에
민대머리로
똑, 똑
구름을 두드리고 있다는 것을.

-『시예문학』제17집 2014년 5월

평상에 가부좌하다

난 한 촉 벌고 있는
화원 아침 한나절
수척해진 겨울의 한 귀퉁이에서
쌓인 눈이 조심조심 녹고 있다
온갖 삿된 생각 안으로
녹은 물이 흐른다
한 생애를 다한 하얀 연탄재인지
나도 한때는
푸른 불꽃 같은 사랑 있었으나
앞뒤 굽에 짓밟혀 흩날리는
하얀 연탄재처럼
보풀 남기고 먼 길 돌아 떠났으니
무엇을 사랑하며
나 여기 앉았는가
무엇을 노래하며 슬픈 시를 읽고 있나
부서져 내리는 태양은
저토록 빛을 내며
환하게 타고 있는데.

-『시예문학』 제17집 2014년 5월

추야(秋夜)

해 질 녘
부슬부슬 내리는 가을비를 듣다
문득 잠이 든 것 같았는데
그 잠을 깨고 들려오는
핸드폰 소리
별 총총 창밖을 보니
한밤중이네
이미 비는 그치고
창틀을 넘어오는
달빛과 풀벌레 소리
고적한 가을밤을
더 고적하게 밀고 있네

-『한국작가동인회 사화집』제8집 2014년 8월

기러기

가을이 뒷모습을 보이며
문턱을 넘는가 싶더니
어느새 소슬바람 부는 겨울이네
문풍지 몹시 떠는
화원 밖을 내다보니
푸르렀던 날들은 뒤꿈치를 든 채
오색 단풍 사이를 걸어 숲으로 갔다
귀를 기울이고 있던 나의 나이에도 덩달아
단풍이 들어
빈 들녘을 달리는 찬바람 소리

바람에 흔들리는 구름아
무슨 미련 그리 많아
손을 떨고 있는가
세월을 끌고 나는
기러기의 날갯짓 사이에서
겨울의 울음소리가
뚝뚝 떨어진다

-『한국작가동인회 사화집』 제8집 2014년 8월

사랑 하나

나에겐 애틋한
사랑 하나 있습니다
나의 사랑은
처음도 없고
끝도 없습니다

나에겐
담아도 담아도
넘치지 않고
주어도 주어도
아깝지 않은
그런
사랑 하나 있습니다

손잡아 보면
코스모스 같은

나의 조국이여!

-『아시아 서석문학』 2014년 가을호

고향

못내
초라하고
서글퍼지는 날이면
눈앞에 어른거리는
배꼽 친구들과 어머니!
이 우수의 가을 길에
가슴마저 저며 오는 밤이면

더 가슴이 울어

비가
내린다.

-『문예사조』2014년 11월호

가시꽃이 피었다

그 사랑
너무 아름다워
세상에 내놓을 수 없고

그 사랑
너무 애틋하여
가슴에 고이 간직하였더니

깊은 슬픔에
그리움이 사무쳐
가슴을 찌르는
가시꽃이 피었다.

-『운암뜰』제41호 2014년 오산여류문학회 초대시

바람의 사연

우주와 홍황 사이
이만한 즐거움을 또 찾을 수 있을까
장자의 내편을 읽는 즐거움
더불어 화초를 가꾸는 즐거움
운암뜰에 들어선 나의 화원이
내겐 이상향이네
만물이 변하고
각자 갈 길이 다르다 하나
이마 위 주름은 세상을 덮고
주름이 덮은 세상 사이로 나를 반추해 본다
모르는 사이
바람과 함께 세월을 보냈나니
하나둘 바람이 되어 떠난
그리운 이들이여!
이제는 누구와 바람을 이야기할까
보슬비는 내리고
가지 끝에 날개 접은 까치 한 마리
그 까치의 야윈 등 너머로 마등산이 보인다

나는 안다
그리운 이들이 바람으로 돌아갔던 것처럼

나도 바람이 되리라는 것을
오늘도
나의 바람집에선
마등산을 돌아온 바람이
사방에서 분다

-『부안문학』 제20호 2014년

그러려니

화원 창틀에 기대어
새벽별과 회색 물든 달을 보다가
불현듯 눈을 감으니
나도 모르는 새 지난 세월이 보이네
과연
잃은 것은 무엇이고 얻은 것은 무엇일까
아팠던 상처와
무겁게만 느껴지는 짐들 모두
구름에 얹어 바람에 실려 보내고
남은 날을 살다가
세상사
왜 그래야 하는지
따지지도 고집하지도 않고
솔에 앉은 학이 박차고 날아가듯
이 세상 떠나렵니다

-『시혼』제2호 2014년

새를 쫓다

산행길 골짜기에서
하도 그대가 그립기에
입가에 두 손 모아
그리운 그대
목청껏 불렀더니
산새들이 놀라
후드득후드득 날아가고
내 목소리가
창공을 떠돌다 돌아오네
공연히
소식도 전하지 못하고
기껏
나를 반기던 산새들만 쫓아버렸네

−『시혼』제2호 2014년

통나무의자 반가상

마등산을 느릿느릿 오르면
지리봉에 통나무의자 있다
그 의자는
바람 구름 햇볕 그늘에
자신의 등을 온통 내어주고
무엇 하나 달라 하지 않는다
통나무의자에 새겨진 무늬에서
의자의 굴곡진 세월의 언덕을 읽으며
나를 돌아본다
한동안 얼마나 숨이 바빠
주저앉아 있었는지
저무는 노을의 무게만큼이나
내가 지고 온 세월의 짐이 무겁구나
바람이 분다
보슬비가 내린다
산새들이 울어옌다
인생은

버려야 할 것은 버려야
새의 깃털처럼 가벼워진다지?

또 비워야 누군가를 앉힐 수 있다지?
고희의 턱밑에서
의자의 말씀을 듣는다

—『시혼』 제2호 2014년

별

네가 그리운 날이면
별을 본다
세월은 속절없이 무너져도
빛나는 너의 모습
환한 꽃씨가 되어
해묵은 내 오랜 텃밭에
백 송이 꽃을 피운다
너는 그 안에서
노래가 되어주고
반짝 빛을 발하는
메아리가 되어
슬프고 고단한 내 시의 행간마다
밝은 미소를 뿌려준다
나는 그 미소를 사랑하였으므로
네가 그리운 날이면
밤하늘
별을 본다

　　　　　　　　　　　　　　　－『시혼』 제2호 2014년

별의 목소리

님의 그 모습은
늘
내 가슴에 별이 되어
반짝반짝 웃고 있습니다

님의 그 음성은
늘
내 가슴에 메아리로 남아
슬픈 노래를 부릅니다

밤하늘의 별을
하나둘 세어 보는 날은
무척이나
님이 그리운 날입니다

-『시혼』제2호 2014년

가시꽃이 피었다

4부

여명의
그리움

누렁이

학교에 갔다 오면 고요만이 적적하게
앉아있던 우리 집
그 고요를 열고 나온
누렁이가 나를 반기곤 했다
누렁이는
가족들이 과수원에 나가 일을 하면
집을 지키고
가족들이 집에 들어오면
과수원으로 달려가 과수원을 지켰다
어느 날
친척 아저씨가 우리 자전거를 빌려
끌고 가려고 하니 집을 지키던 누렁이가
자전거 앞바퀴를 물고 놓아 주질 않는 것이다
아저씨는 자기를 몰라본다며 술김에
외양간 두엄을 치우던 쇠스랑으로
누렁이를 찍어 죽이고 말았다

세상 모든 부처님은 돌을 입고 앉았지만

그 돌 틈 골짜기마다 쑥잎처럼 자비가 돋고
그 쑥잎을 볼 때마다 우리는

지금도 저세상에서 한 조각 쑥개떡을 물고
내 유년의 집을 지키고 서 있을
누렁이를 생각한다.

-『한국시인연대 사화집』제24집 2014년 (2015년 3월 발행)

내 아내

가끔 내 아내는 밥을 해놓고
"여보 나 아파요, 밥 좀 퍼줘요"라고 한다
아내는 은근히
나를 떠보려는 것 같다

내가 밥을 푸려고 하면
"그만둬요" 하고는
아내가 밥을 푼다
내가 외출했다 돌아오면 아내는
하루의 한 일과 있었던 일을
재미있다는 듯이 종알종알 이야기한다

아내는 늘 이렇게
오랜만에 만난 듯이 밝은 얼굴로
나를 맞이한다, 때론
투정을 부리고 심술을 부려도
아내는 늘 밝은 얼굴로 감싸주고
격려해 주는 내 아내

아마도 내 아내는
내가 없어도 안 되고

나도 아내가 없어선 안 될
반쪽과 반쪽이 만난 부부
천생연분인가 보다

-『문예시대』 2015년 여름호

꽃이 시든다고
−세월

꽃이
시든다고
누구를 탓하겠습니까

온갖 만물들도
때가 되면 시드는데

숲에 묻혀 사는 이의
고운 마음
풀숲에 어려
긴 세월 돌아보니
어디선가 들려오는
다듬이 소리

지리봉을 넘는 달빛이
오늘 더욱더 시렸다

−『문예시대』2015년 여름호

황혼길

어느새 내 삶도
절반을 훌쩍 넘어
황혼길을 걷고 있네
긴 세월
뒤돌아보니
푸르고 청정한 길만은
아니었네

느지막한 인연이 된
좋은 벗들과
노을빛을 닮아가는
여유로움을
오색 실타래 꼬듯
얼기설기 엮어가며
남은 길 걸어가야겠네

—『문예시대』 2015년 여름호

꿈 · 1

밤새도록
봄을
찾아 헤맸으나
산에도
들에도
봄은 없었다

아침결
햇살 가슴 드리울 때
샛강에 다다르니
활짝 미소 띤 얼굴
나를 반기는구나

오호라
꽃 피고 새 우는
봄이
여기 있었구나

—『오산인 포커스』 2015년 7 ~ 8월호

여명의 그리움

서산 문턱에 걸려
해를 쏟아내고 있는 노을을 따라
나의 화원이 저문다
새털구름처럼 가벼웠을
나의 삶들아!
구름은 바람을 잡을 수 없고
나 또한
세월을 잡을 수 없었음에
허망해진 슬픔이
나의 눈가를 맴돈다
설령 그랬더라도
내 인생 저만치서 움트고 있는
여명의 그리움아!
무거우면 무거울수록
가벼워지는 네가 보인다

-『한국작가 동인 사화집』제9집 2015년

길

세상 모든 것들은
나를 따라 흐른다
개울을 건너고
산 너머 걸어간다
그러함에도 불구하고
혼자인 내가 쓸쓸하고
애잔해짐은 무슨 연유인가
내 안에서 꿈틀거리는
모든,
만남은 인연이요
헤어짐도 인연일진대
가시는 곳 어디신가요
머무는 곳 어디신가요
묻고 싶은 마음 한결같아도
굳이 입을 열어 묻지 않는다
내 안에 가지치고 있는
여러 갈림길에 서서
이러지도 저러지도 못하고 흔들리는 인생아!

세월은
나를 밟고 지나거니

은은한 달빛 아래 가부좌를 튼
내 마음 고적하구나!

-『한국작가 동인 사화집』 제9집 2015년

어머니의 노래

열 살 남짓 어린 내게
뜻하지 않은 병마가 찾아와
살아있다는 것만으로 한숨 돌리시며
애달프고 고달파도
애지중지 키워주신 어머니
보릿고개 배고픔도 잊으시고
갖은 설움 길쌈질로 감춰 두시고
슬하에 삼 형제 홀로 품으시며
온갖 소망 비오시던 어머니
베적삼에 얼룩진 땀은
어머니의 눈물이요
영혼의 울림이었습니다
그렇게 모진 세월 속에
두 아들 앞세우시니
한세상 서러워 잠 못 드신 고달픔에
어머니 한숨 소리가 어제인 듯합니다
어머니 선한 모습이
낮달로 뜨는 날은

가엾어 저민 서러움과 그리움은
개울처럼 흐르고

다시 들을 수 없는 목소리만
후렴처럼 맴돕니다
늦게나마
흘러가는 구름 위에
이 아들 한 소식 전하려 하니
눈물이 비 오듯 하여
몽매 그리던 어머니 생각에
홀로 우옵니다

-『한국작가 동인 사화집』제9집 2015년

아내는 내게

걸망 메고 떠나갑니다
나를 찾으려고 떠나갑니다
가야산 해인사
백련암으로 떠나갑니다
삼천배를 올리며
내 마음 찾으려고
가야산 해인사
백련암으로 걸망 메고
나를 찾아 떠나갑니다
나의 영원한 안식처인 아내여
나도 내 아내에게로 갑니다
아내는 내게
백련암과도 같습니다.

−『청암문학』제7호 2015년

회상

내 젊음은
어느새 추억이 되어 버리고
덧없는 세월에 흰머리만 무성하네
떳떳하지 못한 지난날들이
새록새록 떠오르고
풍파에 시달려온 긴 세월에
죄업만 쌓였구나

아 허망한 인생
꿈같은 인생
잠시 머물다 사라진
풀잎 끝에 맺힌 이슬인가
참으로 젊은 시절이 그립구나

-『청암문학』제7호 2015년

그런 사람

만나면
마음 우선 편안하고
헝클린 이야기들
실타래 풀어내듯 하다 보면
시간은 어느새
빠른 발로 달아난다
덧없는 세상살이라
부침이 심하다지만
등 기대어 견줄 수 있는
사람이 있어
내 삶은 행복하다
헤어지는 순간부터
다시 그리워지는 사람
온갖 정 회포를 함께 나누며
같이 늙을 수 있다면
더 바랄 것이 없겠다

오늘도
바람이 들창을 스치며
그가 두고 간 난초의 향을
더욱 짙게 한다

-『글길문학』제42호 2015년

바보

길고도 짧았던
지난
봄 여름 가을 동안
나의 애틋한 사랑은
시간 속에
묻혀서 갔고
다하지 못한
인연과 사랑에
눈이 먼 사랑

외로워도 눈 뜨고 있는
텅 빈 달이 부럽다

-『시혼』제3호 2015년

내리사랑

사랑은
보고 또 보아도
보고 싶고

그립고
그리워도
또
그립고

무엇이든 주어도
또
주고 싶고
생각하면 생각할수록
가슴이
아리고 저며온다

-『시혼』제3호 2015년

사람다운 사람

늙은이나
젊으나
입으로는
쓴소리 단소리

정도라고 속이고
권력자 앞에서는 굽신굽신

험한 세상
속이고 속는 세상
진짜
사람다운 사람
누가 뭐래도
저
낮은 곳에 있네

-『시혼』제3호 2015년

야비한 사람

야비하고
비겁한 사람은
오직
지위와 권세를 얻고자
애쓰고
얻게 되면
잃을까 봐 전전긍긍하고
그
자리를
지키기 위해
끝내
못하는 짓이 없게 된다

-『시혼』제3호 2015년

고독
– 용주사에서

소슬한 가을바람 사이로
풍경 소리
천근만근
내 마음을 울립니다

어느새
빗장 지른 내 마음은
당신으로부터
멀어집니다

적막한 용주사의 밤은
나를 더욱 젖게 합니다

뎅그렁 둥근 달빛만
쓸쓸한 내 어깨를
자꾸 두드립니다

－『시혼』제3호 2015년

공연히

공연히 세상에 태어나서
사랑과 아픔 그리고 아쉬움과
그리움만 남기고
떠나갑니다

공연히 이 세상에 와서
후손들이 영원히 살아갈 이 땅에
더러운 찌꺼기만 남기고
떠나갑니다

그러나 단 하나
그대 애틋한 사랑 하나
가슴에 담고
떠나갑니다

-『시혼』제3호 2015년

내 고향 밀머리

이른 아침이면
봉긋봉긋한 초가집 지붕 위로
매캐한 내음 풍기며
모락모락 피어오르던 연기
그렇게 초라하기 그지없고
슬프기까지 한 그 모습들이
나의 뇌리에 남아
가슴을 아리게 한다
긴 세월 흘러
이젠 잊힐 만도 하건만
잊히지 않는 내 고향 밀머리
지금은 흔적마저 희미해진 길가에
세조 임금이 드셨다는 두겨물
그 물 뿌리 흔적조차 없구나
밀머리에 오면
무엇보다 그리운 것은
내 여린 가슴에 깃든
어머니와 배꼽 친구들이다.

―『한국시인연대 사화집』제25집 2015년 (2016년 3월 발행)

그리운 사람 · 1

눈을 감아도
보이는 얼굴

귀를 기울이지 않아도 들리는
그 목소리

당신은
늘 내 가슴에 있습니다.

―「한국문학신문」 제255호 2016년 4월 27일

국유연후유신

대한민국은 우리나라 국호요
국민 삶의 터전이다
너와 나 할 것 없이 온 국민이
이 나라를 가꿔 나가며
지켜야 할 의무와 책임이 있다
우리는 자손 대대로 이 땅 위에서
자유와 행복을 누리며 살려면
나 자신보다 나라를 먼저
생각해야 한다
이 나라가 없으면 나 자신도
없기 때문이다
국유연후유신
국민을 대표해서 나라를 이끌어가는
지도자들은 더 가슴 깊이 새겨야 한다.

—『문예사조』 2016년 7월호

봄과 가을 사이에서

세월은
구름에 묻어 흘러가고
봄이 오고 또 가을이 가는 사이
푸르렀던 시절은 국화 옆에서 더욱더 시리다
아쉽고
안타까움만 남겨둔 채
겨울 나그네의 긴 여정을 떠나는 발길
상처주고
상처받으며
전사처럼 살아온 날들이
눈에 밟힌다

별이 뜨는 밤이면
어디론가 사라진 내 별들이
더 그립다

―『한국국보문학』 2016년 9월호

전해라

어느 날
우리 며느리 머리를 잘랐다며
스마트폰으로 사진을 보내왔다
잠시 후
내게 전화를 하며
"아버님, 저 머리 잘랐어요. 이뻐요?"
"그래, 이쁘다. 난 네가 어떻게 하든 다 이쁘다."
"진짜요?"
"그래."
난 우리 며느리가
다 이뻐 보이는 것은 며느리의
마음씨다
보이지 않는 그 마음이 더
이쁘기 때문이다
남을 배려하는
마음과
가족들에게도

따뜻한 마음과 사랑으로
보듬어 주기 때문이다
사랑하는 에미야

딸을 예쁘게 키워
우리 광산 김씨 가문으로 보내주신
사돈 내외분께
정말 고맙고 감사하다고 전해라.

―『문예사조』2016년 7월호

가시꽃이 피었다

5부

지리봉 가는 길

바람의 힘

바람아 너는
어디서 와 어디로 불어가니
가을 하늘이 저렇게 푸른 것은
네가 구름을 밀어낸 덕이겠거니
바람아 너는
구름을 밀어내는 힘을 가졌지만
나는
나를 밀고 있는 세월을
되치기할 힘이 없구나
통나무의자에 앉아
나를 밀어낸
세월의 뒤를 보고 있자니
내 이마의
주름살 같은 발자국 선명하구나
내 비록 힘이 없어
세월을 밀어내진 못했지만
내 발자국을 보며

사무치게 그리워할 줄 아는
힘이 있으니
웃음 만발하는구나

-『한국국보문학』 2016년 9월호

소망

어느 시인이 말하기를
산문이 직선이면 시는 곡선이라고 한다
'진심으로 당신을 사랑합니다'
라는 고백이 산문이면
말 한마디 못하고
연인이 타고 가는 버스가 보이지 않을 때까지
물끄러미 바라만 보는 그 안타까운 눈길이
바로 시라고 한다
또는 장대같이 쏟아지는 빗속에 서 있는
연인에게 다가가 우산을 받쳐주는 것이 산문이면
나란히 서서 같이 비를 맞는 것이
바로 시라고 한다
시인이 시를 쓰는데 한 행 속에
소설 한 권이 들어가 있는 그런 시를 쓴다면
그런 시인은 얼마나 행복할까!
가람나무 열매처럼
처음에는 쓴맛이 나지만 씹을수록 단맛이

우러나오는 그런 시를 쓰는 시인은
얼마나 행복할까!

-『한국국보문학』 2016년 9월호

늦가을 길에 · 1

하늘이
저토록 파란 것은 아마도
구름이 다 바람에 밀려갔기 때문이겠지
운암뜰을 지나가는 저 기러기
하늘에도 길이 있다
기러기 날갯짓으로
세상을 휘젓고 다녔나니
너는 참 시원했겠구나
저녁나절
검은 구름이 몰려오니 들바람이 세차
빈 하늘에 저녁 빛을 핥고 가는
바람 소리만
늙은 그림자를 지워간다

내 갈 곳은 어드메뇨
세월은
바람 따라 구름 따라
흘러가네

—『한국국보문학』 2016년 9월호

시린 가슴으로
−회상

시린 가슴으로
일생을 살아온 나이지만
오늘따라
지난 세월이
새록새록 떠오른다
운암뜰에 움막을 짓고
듣기 좋은 말로
궁전이라 부르며
시 농사를 지어온 지도 벌써
수개 성상
이제는
육신의 기능마저 떨어져
눈물이 흐르는데
내 젖은 가슴을
시시로 두드리는
바람과 수많은 그리움
어제는 비마저 내리더니
단풍 매우 붉어라

−『한국국보문학』 2016년 9월호

자화상

나는 가끔
시를 쓴다는 것이
무모하고도
어리석은 짓과도 같다는
생각이 든다
때론
내가 써놓은 글씨가
산으로 보이고 바다로 보이고

끝없는 수평선 앞에 홀로 서 있는
나그네와 같다는 생각이 들 때마다
아득하고 막막하기 그지없다
이냥 저냥
눈을 뜨고 귀를 열고
그저 세상 한 조각을
기웃대다 갈 뿐인데

마등산 능선 위에

저녁 하늘빛이
흘러내릴 듯 가득 차 있다

옷깃을 여미게 하는
붉디붉은 노을 속으로
풍덩 · · ·
뛰어들고 싶구나

-『한국국보문학』 2016년 9월호

지리봉 가는 길

길가로 늘어진 나무 한 가지
지팡이로 사정없이 후려쳐
처참하게 잘려 나갔다
그렇게 부러진 나뭇가지는
영원히 이어지지 못한다
지팡이로 후려치지 않았다면
시원한 바람에 덩실덩실 춤도 추고
비 오는 날이면 목욕도 하고
아침 이슬과 입맞춤도 했겠지
그 나뭇가지
모진 바람에 꺾이는 것이야
어쩔 수 없다 하지만
나로 인해 무참히 잘려 나갔다는
생각을 하니 미안하다, 미안하다
내가 후려친 나뭇가지는
땅에 떨어져
오고 가는 등산객들에게 짓밟힌다
그 나뭇가지는 누구도 원망하지 않는다

조금 불편해도
부러뜨리지 않았더라면 좋았을 것을

못생긴 나뭇가지가 나무를 지킨다는 사실을
진즉에 알았더라면 좋았을 것을

－『한국시인대표작 1』한국문인협회 시분과 사화집
2016년 10월

꽃잎

가슴 깊이 와 닿은
찡함은
밤이 깊을수록
잠 못 이루게 하고
뼈 시린 세월 그래도
버리지 못하고
머물 수 없는 나그네로구나

길을 가다가 만난 그대여
예쁜 꽃잎 같은 그대여
그대 곁에서
서슴없이 머물 수만 있다면
잠시인들 그 꽃잎
감추지 말구려

-『한국국보문학 동인문집』제22호 2016년 10월

넝쿨에 조롱박 열 듯

오늘 내 이 봄날은 왜 이리 더디 가는지
연초록 구부정한 풀피리 꺾어 불면
버들잎 낭창 휘이며 노고지리 울 것 같은데
멈춰 섰던 꽃바람이 보릿고개 밀고 갈 때
이고 진 그들 뒤에 나를 안아 업고 가신
어머니 그 야윈 등이 눈에 삼삼 어립니다
화단에 물을 주는 아내의 여린 손등에
깊게 파인 잔주름과 긴 세월을 얹고 보니
그 모습 애잔한 터에 어머니가 있습니다
오늘 내 이 봄날이 더디고도 느린 까닭은
당신의 모습에서 어머니를 보았음에
눈물이 발길을 막아 강이 된 탓입니다
물장구치듯 살아온 내 삶 뒤란에는
내내 귀뚜라미 같은 이명만이 남았는데
어머니 목소리 들려 넘치도록 받은 시심
하여 다시 내 가슴에 꽃이 피고 새가 울고
길에서 화두를 줍듯 삶을 지펴 가나니
넝쿨에 조롱박 열 듯 미소 만발합니다

-『한국국보문학 동인문집』제22호 2016년 10월

시인의 초상

평범하게 살아가는 사람들은
시를 쓰며 산다는 것이
얼마나 멋있는 삶이냐고 말한다
시인이
시에만 묻혀 산다면
다시 한번
생각해 볼 일이다

이순이 넘은 나이에
시 쓰기를 한 늦깎이 시인
생각해 보니
이 또한 욕심이 아닌가
세상은
내가 왔다 가는 줄 모르는데
무엇을 말하려고
이렇게 고뇌하는가

내 마음
실개천에서
흔들리는 갈대밭.

-『문예사조』2016년 11월호

하얗게 재만 남도록
−어머니

효도 한 번 못해 본 자식이
어머니 돌아가신 뒤
애석하게도
불길 속에 밀어 넣었다
늘
자식 걱정에
속이 까맣게 탔을 어머니
더
태울 것조차 없는 어머니를
하얗게 재만 남도록
그렇게 또
태웠다.

−『문예사조』 2016년 11월호

가을 소야곡

풀섶에서 들려오는
풀벌레 소리

풀잎 현을 튕겨
소야곡을 뜯는지

울고 있는 건
풀잎인데도

어찌
내 가슴
흔들리느냐.

-『한국국보문학』2016년 12월호

사랑하였으므로
−배명숙이를 보내고

여름이 앉았다 간 자리에
쑥부쟁이 피었습니다
울울창창하게 우거져
천년만년 갈 것처럼 드세게
살았지만
단 한 송이의 꽃에조차
굴복할 수밖에 없었던 계절의 굴욕!
항상 곁에 있을 때는
너무 뜨거워 멀어지고 싶었습니다
그러나
멀리 떠나보낸 후에 나 알았습니다
멀어져 식어 가느니
가까이에서 온통 데어버리는 게
오히려
행복이었다는 사실을···
쑥부쟁이 가을바람에 흔들립니다
사랑하였으므로 후회는 없다 하지만

흔들리는 꽃잎을 보는
내 눈엔 지금
그리움이 한창입니다

-『경기문학』2016년 경기도문인협회

하얀 코스모스

한 타래 빗줄기가 뜨거운 여름을
빗질하고 있습니다
차르르 흘러내리는
윤기 나도록 푸르른 가을 하늘!
어느 여가수의 목소리에 빙의되어
피어난 코스모스 꽃길을 걸어봅니다
그 꽃길에는
아련한 그리움 같은 실루엣이 있습니다
하얀 코스모스를 닮았던
우리 어머니
겉모습은 투박한 목화 줄기였으나
흔들리는 잎새마다 고이 접어두셨던
자식에 대한 사랑!
그 사랑이 슬프게 떠오를 때마다
한 잎 두 잎 하얀 코스모스 꽃잎 같은
눈물을 떨구시곤 했습니다
가을 언덕에 홀로 앉아 흘러가는
구름을 봅니다

구름이 편지지라면
편지 쓰고 싶습니다

둥그런 달 둥실 올라
온 동네가 환해질 때
어머니!
다시 한 번만 밝게 웃어주소서

-『경기문학』 2016년 경기도문인협회

나, 말 놔도 되지?
−시인 송수권

늦은 가을
나의 혼을 품고
설레는 마음은 광주를 향해 달려갔다
서너 시간 후
'금당 가는 그 집'에서
낯설지 않은 듯
시인과 마주앉아 세월을 나눴다
얼마 후
떠나려는 내 손을 잡은 시인은

"소년처럼 순수한 데가 있네, 나 말 놔도 되지?"

상경길 내내
그 말이
나의 뇌리를 떠나지 않았다
며칠 후 나는
육필의 혼이 담긴 시인의 마음을 품었다.

−『한국시인연대 사화집』제26집 2016년 (2017년 3월 발행)

꽃과 구름의 향기
−후백 황금찬 시인 백수 축시

나 어릴 적 아득하지만
어느 방송 프로에서
시를 낭송하고 있는 그 님을 보았습니다
낭랑한 목소리에 묻어 사방으로 번지던
꽃과 구름의 향기!
그 님이 지어 놓은 꽃밭, 꽃길을
나 걸어봅니다
항상 바람으로 서서 원했으되
그 꽃밭에 떠 있는 하얀 구름이 되기까지
참으로 오랜 시간이 흘렀습니다
그 님의 머리에서도
수많은 날의 흔적 그대로
흰 구름이 덮였으나
챙, 챙 부서지고 있는 그 님의 구름 사이
그 꽃밭에서는
오늘도 천 년을 기원하는
백일홍 수천 송이가 피어
그 님의 장수 무병을 환하게 웃고 있습니다.

−『한국시인연대 사화집』제26집 2016년 (2017년 3월 발행)

연탄 한 장의 생애

방금 연탄불을 갈았다
깜빡이는 밑불에 의지해
차가운 몸을 기대고 있는 십구공탄 탓인지
화원 가득 소름이 돋는다
연탄이 타올라야
내 주변이 훈훈할 텐데
예정된 길을 찾아온 모진 추위!
그의 성품만큼이나 살아온
나의 날들은 영하 몇 도쯤일까
기러기 울어 예며 화원 지나 날아간다
도대체 삶과 죽음의 경계는 어디일까
수십 년을 되뇌고 되뇌어봐도
허공에 흩어지는
기러기 울음처럼 부질없다
진눈깨비는 몰아치고
바람은 지붕을 두드리는데
솟구치는 파란 불길을 보았다

그랬구나!
연탄이 저를 태웠던 것처럼
나도 나를 활활 태워
주변을 뎁혔을지도 모른다

−『PEN문학』 2017년 3·4월호 국제PEN클럽 한국본부

바람아! 구름아!

쓰르라미 울음소리마저 스러져 가고 난 후
화원 창틀에 걸린 쪽빛 하늘을 본다
저를 태워 한여름을 데우던 뜨거운 태양도
제풀에 겨워 널브러졌는데
아이야!
청년을 노래하던 나의 목소리
귀에 쟁쟁하건만
어느새 머리엔 온통 백발이 내려
만 평 억새꽃밭을 생각하게 하는구나
움켜쥐고
내 안의 그 꽃밭을 헤쳐 걷노라니
지나간 세월이 새겨 놓은 흔적 선명하다
때로는 바람처럼
때로는 구름처럼
한 시대를 풍미한 협객으로
내 비망록을 물들이기도 했지만
지금은 한 점 바람에도 무릎이 시리다

하여
다시 못 올 청춘이나 건드려 보려는데
괜스레 눈물이 난다

이는 서러워 우는 게 아니라
서럽지 않기 위해 우는 것임에
내 마음 고적한 골짜기 위로
뭉게구름이 둥실둥실
이 밤 홀로 떠간다.

－『한국국보문학 동인문집』제22호 2016년 10월

 청려장(靑藜杖) : 명아주 줄기를 가지고 만든 지팡이. 가벼우면서도 든든하다. 청려장을 사용하면 장수를 한다는 말이 있어서 연세 드신 분들에겐 청려장을 선물하기도 한다.

어머니의 텃밭

노을 내려 고즈넉한
서너 뼘짜리 텃밭에 앉아
서툰 호미질로
드센 잡초를 뽑고 있었습니다
얼굴을 가로질러 지나는
한줄기 바람결에 문득
어머니가 떠 옵니다
고작 한 뼘의 밭을 일구었을 뿐인데도
사정없이 등줄기를 후려치는 땅의 채찍질
내 어머니는 온종일 수천 평 들에 앉아
그리도 쉽게 밭을 맨 줄 알았는데
오랜 시간이 지난 후
어머니 앉으셨던 그 밭 그 자리에 앉은 나는
한 뼘도 채 매지 않았는데도 허리를 부여잡고
신음을 하였다니
그 긴 세월을 모시 적삼에 풀물 들이시며
쪼그려 앉아 계시던 어머니의 구부정한 허리가
초승달 휘듯 크게 휘어 아프셨다는 걸
나, 오늘 알았습니다.

―『문예사조』 2016년 7월호

꽃처럼 살 수만 있다면

자기만의 색깔을 내기 위해
캄캄한 뱃속에서
열 달 면벽 수도 끝에
이 세상에 나오지 않았던가
고된 날 참고 견뎌야
꽃처럼 살 수 있는 법
웬만하면 눈 딱 감고
알아도 모른 척 용서하시게
모두가 저 잘났다고
이러쿵저러쿵
말도 많고 탈도 많은 세상사
스스로 속마음
반성으로 닦아내고
거울이 거울을 지워가듯
내 안의 욕심을 지워간다면
아름다운 삶이 되리니
꽃이 아름다운 이유는
자신을 꽃이라
말하지 않기 때문이라네

-「한국문학신문」 제321호 2017년 9월 13일

인생은 일장춘몽

어떤 이는
듣기 좋은 말로
인생은 늙어 가는 것이 아니라
익어 가는 것이라 한다
그러나 늙어 가거나 익어 가거나
누구의 잘못은 아니지 않은가
인생은 그저
세월에 묻혀 바람에 흘러가나니
일장춘몽이라 하지 않던가
그래그래 탓하지 말자
봄이면 곱게 피어
자태를 뽐내던 꽃도 끝내
시들지 않던가
돌아보니 나도 한때는
꽃다운 젊은 시절이 있지 않았던가
늙어 가든 익어 가든
한세상 살다 가면 그만이지 않던가

－「한국문학신문」제322호 2017년 9월 20일

그리운 강 · 1

그 강변을
그냥 지나칠 수가 없다
새벽에는
은빛으로 깨어나고
한낮엔
햇살을 감고 굽이치다
여울에 떠밀리는
세월처럼
그 강변에서 멀어진 나는
어떻게 그대를
그리워해야 하나
뭉클뭉클
슬픔의 꽃이 환하게 피어난다

-『한국시인 사랑시 1』한국문인협회 시분과 사화집
2017년 8월 30일

부자상전(父子相傳)

가을 초입, 고즈넉한 평상에
홀로 앉아 있자니
지나온 칠십 평생이 삼삼 눈에 밟힌다
모시 두루마기 차림으로 그 발끝을
바라보고 있노라면
오래전 돌아가신 아버지가 거기 서 계신다
어린 마음에는
그 모습이 두렵고도 엄해 보여
선뜻 다가가지 못했는데도
가끔 등을 툭툭 두드려 주시곤 하던
아버지의 묵직한 손바닥이
어리석었던 내 유년의 중심을 잡아 주었던 게 아닐까
나 이제 아버지 되어 사십여 년을 보냈다만
내 아버지의 손바닥처럼
내 아이들의 가냘픈 등을 두드려
중심을 잡아주었는지는 모르겠다
하나 거센 바람에도 한 점 흔들림 없는

내 아이들을 볼 때마다
그 시절
두툼했던 아버지의 손바닥을
생각하곤 한다.

-『아시아 서석문학』 2017년 가을호

가시꽃이 피었다

6부

운암뜰 앞에서

오산역에서

대합실에 앉아
오가는 이들을 바라본다
남길 것도 미련 둘 것도 없는지
숨가쁘게
개찰구를 빠지는 행렬
그들이 남겨 놓은 발자국 속에서
수많은 이름이 걸어 나온다
지금은
떠돌다 사라지는
구름의 뒷모습처럼 아득하지만
아득한 만큼 아득해서
더욱더 그립다
서지도 앉지도 못하고
흔들리고 있는 나는 누구인가
사무치게 그리운 이름들
쟁여놓은
나의 짐보따리가 무겁다

—『한영대역대표작선집』2017년 9월 국제PEN한국본부

이 가을에

누렇게 익어가는 벼 이삭들
잔잔한 바람에 넘실거린다
매달린 벼의 알갱이처럼
수많던 나날들은
새벽별 지워지듯 사라져갔고
눈에 보이지 않는
내 존재감마저
이상과 현실 사이에서
멀어져갔다
더없이 쓸쓸한 날
부슬부슬 내리는 가랑비
내 마음은
촉촉이 젖은 억새처럼
이 가을이 시리다

―「한국문학신문」 2017년 10월 18일

아내의 삼천배
−아내의 기도

어머니는
여든아홉의 나이에도
끝내 이 아들이
염려스러웠는지
베갯머리에 눈물을 떨구시다
물끄러미 아내를 바라보시며
"애야. 이젠 너밖에 없구나"
하시며
아내의 손을 꼭 잡으신 채
눈을 감으셨다
아내는
그날 이후 지금까지
하안거와 동안거 때면
백련암으로 달려가
삼천배와 기도로
마음을 다스리며
어머니의 성불을 빌곤 한다

−『한국국보문학』 2017년 10월호

달과 바람과

창밖 느티나무에
보름달이 걸려있다
잠 깬 듯 잠이 든 듯
반개한 두 눈 사이로
고요한 세상이 걸어온다
분명
부처의 휘광은 아닐 진대도
순간
세상이 환하다
저 달빛 복판에 내가 들어
가부좌로 앉았는데
쓸쓸하게
온몸을 누비고 드는 따스한 기운
한 빛 그리움으로 인해
이 깊은 밤, 바람이 차가운데도
달빛을 받들 듯 떠 오는
오래 만나지 못했던 누군가의 실루엣이
이 밤처럼
고즈넉하다

-『성남문학』 제41집 2017년

인연 · 1
−최윤서

어버이날
예쁜 카네이션 꽃바구니 들고
윤서가 찾아왔다

윤서는
맛있는 점심까지 사주고 갔다
문득
윤서 생일에
꽃이라도 보내야겠다는 생각에
생년월일을
문자로 보내 달라고 했더니

윤서 생일이(무오생 말띠)
1978년 11월 21일(음력)이란다
참 이런 일이
어머님의 생일이(무오생 말띠)
1917년 11월 21일(음력)이 아닌가
윤서는

어머님이 태어나신 지 꼭

일주 갑(60년)이 되는 해에 태어난 것이다
나는 늘 아내가
마음 씀씀이와 성격
남에게 베풀어 주는 마음이
어머니를 닮았다고 하였더니

윤서는 아내를 닮은 것 같다
어머니를 닮은 아내, 아내를 닮은 윤서
참
묘한 인연 같다
윤서와 나는
기적처럼 만난 것 같다

오늘따라
윤서가 더 예쁘고 고맙고 대견스럽고
더 사랑스럽다

－『한국국보문학』 2017년 10월호

건듯 부는 바람에도

아내가 백련암으로
아비라기도 3)※떠나는 날이면
낡은 시집을 꺼내 옛이야기를 보네
맑은 선율처럼 흐르는
사랑과 그리움!
슬픔은 슬픔으로 기쁨은 기쁨으로
한동안 나부끼곤 하는데
현실과 추억의 괴리 사이에 서 있는 나는
건듯 부는 바람에도 낯이 간지러워
가만 눈을 감네

어느새
고희의 언덕에 올라 바라보는
내 모습은
어디에서도 푸른빛 찾을 수 없네
다시 만날 일 없는 짝사랑이었음에도
아직도 멈추지 않는 애모
낡은 시집 사이에 끼어 두었던

미완성의 습작품들이
주르르 흩날리는 낙화처럼

하늘거릴 때
나는 그만 서러워
홀로 남은 밤
눈물지어 보네

-『한국국보문학』 2017년 11월호

아비라기도 : 중국 당대의 총림 수행법을 성철 큰스님께서 우리들에게 일러주신 기도법이다

냉이꽃 편지

일제강점기 시절
성주 이씨 가문에서 외동딸로 태어나신 어머니
열세 살 어린 나이에 열 살이나 더 드신 아버지에게
시집오셨던 까닭은
일본 제국주의자들이 무작위로 징용을 했었던
위안부의 잔악한 횡포를 피하기 위함이셨습니다
동구 밖을 벗어나실 때
가마 안에서 바라다본 앞산, 뒷논에서는
개구리 울음소리가 한창이었고
보리밭 하얀 냉이꽃 사이로 종다리 울음소리가
가슴을 때렸습니다
어머니!
성주의 보리밭에서 보았던 하얀 냉이꽃 같은
눈발이 천지를 뒤덮던 날 아버지를 하늘나라로
보내시고 홀로 붉은 수수밭을 지나는 것처럼
오랜 세월 눈을 붉히고 사셨습니다
어린 아들 삼 형제를 키우시랴
그 많은 농사를 지어 거두시랴
얼마나 많은 굳은살이 고운 손에 박혔던지

그 굳은살이
광산 김씨 집안을 지킨 파수꾼이었습니다
어머니!
살아생전 어깨 한 번 주물러
드리지 못했던 불효자 이 아들
까마중이 씨를 내려 또 다른 까마중의 새싹이
화원 밖에서 흔들리고 있는 풍경을 보며
어머니의 마지막 숨결을 기억합니다
며느리의 무릎 위에서 맞는 임종 앞에서도
며느리의 얼굴을 물끄러미 바라보시며
"에미야! 이제는 널 믿고 나는 가야겠구나"
하시며 소풍을 떠나듯 그렇게 가셨습니다
이제 일흔이 넘어 다시 어머니를 생각하매
하염없는 눈물이 흐릅니다
다시 어머니를 1분 만이라도 볼 수 있다면
칠십 년을 하루로 여겨 어머니의 어깨를
주물러 드리겠습니다
다시 불러 봐도 그리운 그 이름 어머니!
다시 만날 날을 기다리며
어머니의 고향에서 본
하얀 냉이꽃 같은 눈물을 뚝뚝 흘리렵니다

- 『한국문학인』 41호 2017년 겨울호

님 그리워하며

내 생에
그놈의
그리움이 찾아와
몇 년을 두고
그렇게
내 가슴 아리게 하고
내 마음도 훔쳐 가더니
늘그막의
보랏빛마저 훔쳐 갔네요

그냥
그대가 좋아
그대 마음이 얼마인지
따져보지도
저울로 달아보지도 않았고
그대 생각이
깊은지
얕은지

자로 재보지도 않았지만

늘

목소리만 들어도 기쁘고
그대의 얼굴만 보아도 행복하다오
그러나 왠지
밤하늘 별을 보면
마음은 천근만근이요

하늘엔
온통
그대 얼굴뿐이요

긴 세월
아픔과 기쁨
눈물과 한숨
외로움과 그리움
그렇게
모두
삭히고 보니
한마디로

그것은 사랑이었소
또한
미움도

욕심도
다
그 힘이었소

때론
그대 맘속에
뭣이
있는지
생각하다가
먼 산 너머
노을빛 숨어들고
어둠이 찾아오면
그대 생각에
그대가 더 그리워진다오

쓸쓸한 가을
바람은 형용할 수 없는
그리움을 맺히게 하고

깊은 상념에 잠긴 그리운 마음은
시간을 따라
세월에 묻혀 가고

이제는
잊을 만도 하건만 잊지 못하고
자꾸만
바람 소리에도
마음이 설레는 것은
아마도
님
기다리는 마음 탓이겠지요

아, 그리움은
낙엽처럼 겹겹이 쌓여 산이 되고
가슴에
응어리지는 슬픔은
서리
서리
한이 되어
계곡의 물이 되었다오

세상은
세월이 갈수록
내게서 멀어져가고

그토록
그리움으로 가득 찬 사랑도
이제는
늙어가는 내 몸처럼
조금씩 조금씩 잊혀갑니다

아,
이제야
살아온 날 돌아보니
내 한평생
그저
한낱 꿈결이구려

-『한국작가 동인 사화집』제11집 2017년

가을 랩소디

가슴을 파고드는 서늘한 바람
가로수 잎새들이
우수수 떨어지는 가을
속절없이 흘러가는 세월이 야속합니다
아직도 잊지 못한 추억은 남아
그 강변에 가면 문득문득
님들의 얼굴이 떠 옵니다
그렇게 새겨진 님들은
무슨 사연이기에
이렇게 가슴에 깊이 묻고
고백이 될지 모를 글들을
끼적이게 합니까
그리운 이들이여
사랑한다는 말
보고 싶다는 말
원하지도 바라지도 않습니다
다만 이 가을바람에
가슴을 파고드는
편지 한 장이 그립습니다.

-『한국시인연대 사화집』제27집 2017년 (2018년 3월 발행)

겨울 민들레

요즘 들어 길을 살피는 습관이 깊어졌다
오랜 시간 동안 나로 인해 짓밟힌
수많은 잡초와 이름 모를 꽃들의
아픈 비명을 들을 수 있기 때문이다
얼마나 아팠을까
그래서 미안하다
'나이를 먹는다는 건 미안함이 늘어간다는 말이다'라
고 되뇌다
문득, 걸음을 멈추었을 때
그 발치 앞에 차마 날려 보내지 못한
하얀 솜털을 꽉 움켜쥐고 있는
민들레를 보았다
어머니의 마음이다
채 익지 못한 나를 날려 보내지 못하고
어떻게 어머니 먼저 날아가셨을까
내 발의 잔혹함을 견디며 살아남은
화원 둘레 한 송이 겨울 민들레!
내 어머니의 환생이라 믿으며

오늘도 익지 못한 내 한 톨의 마음을
익히기 위해 고개 숙인 채
오래도록 민들레를 바라보았다

-『여울문학』 제12호 2017년 오산여울문학회 초대시

운암뜰 앞에서

여름은 덧없이 갔고
열두 폭 추억 속에 묻혀버린
그리운 얼굴들
느지막이
화원에 앉아
황금으로 물든 들녘을 바라보아도
그 빛은 보이지 않고
오히려
그 빛들 사이에 숨어
하얗게 피어있는 억새!
구불텅한 논길을 따라 걷고 있는
내 삶은
억새꽃처럼
타다 남은 연탄재처럼
하얗기만 하더라

-『경기PEN문학』제15집 2017년

운암뜰 : 경기도 오산시 오산동, 부산동에 위치한 평야. 지금은 10분의 1 정도만 농지로 남고 신도시가 들어앉아 있다.

나는 어디서 왔는가

긴긴밤
시 한 행을 찾아
눈꺼풀이 내려앉도록 지새웠다
먼동이 트고서야
온전히 눈을 감으니
지난날의 나 자신이 스쳐 가네

나는
누구인가

비몽사몽 보일 듯 말 듯
내 곁을 스쳐 간
그리운 이들이 떠오른다

오늘도 나는
그들이 있어 그저 웃고 산다

―「한국문학신문」 2018년 1월 10일

흙에서 캔 나의 노래

지인의 밭 한 때기를 임대해
비닐하우스를 짓고 지내온지도
수, 수년이 흘렀다
간혹 바람이 머물고
새소리가 머물다 간 적은 있으나
요즘처럼 진솔한 노래가 머문 적은 드물다
흙이 부르는 노래!
호박 부추 고추 등을 떨림판 삼아
뙤약볕을 탄주하다 보면
나는 어느새
호미를 든 농부가 된다
내가 지은 흙에서 몸을 드러내는
알뿌리 덩어리들!
내 식탁에 올라 먹음직한 시가 되곤 했는데
흙을 노래하는 마음으로 시를 캔다는 것은
내가 흙에서 왔으니 시를 남기고
흙으로 돌아가란 뜻이겠거니

오늘도 나는 나만의 궁전이라 이름 붙인
하우스 화원에 앉아
흙의 노래를 듣는다
백발이 파르르 떤다.

-『경기문학』2017년 경기도문인협회

아름다운 '해랑달'

나이가 든다는 건 입고 있던 것들을
하나하나 벗어버려야 한다는 것을
뜻하기도 하지만
벗어버려 허전한 그 자리에
무엇인가를 채워 넣어야 한다는 것을
뜻하기도 한다
벗을 만큼 벗고 살았다 생각했던 일흔 나이에
나는 새로 지은 옷 같은 친구를 만났다
예전엔 만능 예능인이었고
지금은 '해랑달'의 터지기가 되어있는 손 철!
매년 해가 바뀌면
전국 팔도에서 뜨는 해와 달
그리고 별들을 불러들여
연주회 및 시낭송회를 개최하는 그는 분명,
전생엔 우주 넓은 배추밭에서
김을 매던 농부였을 것이다
풀을 뽑는 마음으로
지인들의 병든 마음을 쏙쏙 뽑아내기도 하고

어쩌다 환한 달이 걸리기라도 하는
날에는

어머니의 손맛이 그대로 살아있는
김치와 막걸리를 한 상 차려내기도 한다
말로 다할 수 있다면
어디 그게 낭만이겠냐만
그가 쏟아내는 말들은
콘크리트벽처럼 단단한 우리들의 마음에도
파릇한 꽃씨 하나를 뿌려 낭만을 돋게 한다
알게 된 것만으로도 행복해지는 손 철!
해와 달이 지고 뜨는 푸른 언덕배기에서
하, 세월 변함없는 소나무같이
그 자리에 우뚝 박힌 채
칠갑산의 모든 새소리가 마를 때까지
건강하고 건강하게
매년 우리 모두를 초대해 주시게나

-『한국국보문학』 2018년 1월호

겨울 쪽파

첫눈 끝이라서 그런지는 몰라도
목을 돌아 파고드는 바람이
뿌리 끝까지 쌀쌀하다
이런 날은
아궁지 장작불에서 익어가던 고구마
생각이 절절하다
마지막 꼬리를 남기고
불꽃 사위어가면 나의 어머니는
부삽을 들어 고구마를 꺼내셨다
내 유년의 입성인 양
까무잡잡한 껍질을 벗겨
손에 쥐여 주시던 어머니!
노란 분꽃처럼 봉긋 솟아올랐던
고구마의 속살은
내 어머니의 미소인 듯
마냥 포근했었다
내 이제 노년의 강을 건너
턱을 괴고 있자니

문풍지는 젖먹이처럼
겨울바람에 울어대고

그 울음 달래주던 어머니!
문밖에 앉아 계신다

-『한국국보문학』 2018년 1월호

이른 봄

바람이 차가워도
봄은 오고
길 위엔
아지랑이 피겠지

그 추운 겨울
용케도 참아낸
긴 잠 깨우면
봄나물 파릇파릇
버들가지 부풀어
움트는 날
나물 캐는 아낙네의
바구니엔
봄이 가득 채워지겠지

나의 마음에도
쑥잎이 새로 돋듯
간지러운 사랑이 싹을 틔운다

－『국보문학 동인문집』 제25호 2018년 봄

지리봉의 봄

내 몸은 늙었는데
지리봉은 언제 봐도 늘상 젊다
새삼스레 손뼉 치며
숲속을 걷노라니
숲이 품은 산새 울음소리가
구슬처럼
내 귀를 꿰고 있다
말해 무엇하겠냐만
내가 그를 다시 찾은 까닭은
내가 밟고 지난
오솔길 궤적을 따라
젊었던 그날의 푸른 피가
콸콸 돌아
밤낮으로
흐르고 있기 때문이다

-『한국국보문학』 2018년 5월호

매화, 꽃등 켜다

꽃은 늘,
동구 밖을 향해 피어 있었다
흥건해진 꽃잎을 발돋움하여
누군가를 기다리는 동안
싸리나무 사립문 사이로
눈 몇 알갱이가
슬금슬금 기어들곤 했다
울어야 한다면
차라리 울어버리고 싶었지만
물이 젖어
축, 늘어진 종이 인형처럼
온몸엔 흰 눈 입은 수식어가
내 모든 나뭇가지를
잠식하곤 했다
꽃을 빙자하여 피는 그리움은
눈도 아니고
달빛도 더더욱 아닌
환각에 불과했을 뿐인데…

그래도
한 번쯤은 취하도록 피어

꽃등 달아야겠기에
삭정이처럼 울고 있는
살얼음의 발자국을 들으며
긴긴 겨울을
견뎌보는 것이다

−『국보문학 동인문집』제25호 2018년 봄

오동나무 손톱

오동꽃은 밤을 도와
장롱 한 짝을 짜 놓았다
달빛이 불을 켜 든
야삼경 무렵이면
장롱에서 꺼내신
하얀 목화송이로
무명실 줄줄 뽑아
내 양말을 짜곤 했던
어머니의 빠진 손톱이
오동나무에 걸려
꽃이 되어 피었구나

-『한국국보문학』2018년 5월호

벚꽃 손주

비 갠 뒤
보는 벚꽃은
내 손주를 닮았다
깨질 듯
맑은 살결
바람 따라 일렁이는
여간해선
내놓지 않는
작은 꽃
그 향기는
손주놈 가슴 깊은 곳
내 사랑을 닮았다

-『한국국보문학』2018년 5월호

미소를 사랑했던 시인

네가 그리운 날이면
별을 본다
세월은 속절없이 무너져도
빛나는 너의 모습
환한 꽃씨가 되어
해묵은 내 오랜 텃밭에
백 송이 꽃을 피운다
너는 그 안에서
노래가 되어 주고
반짝 빛을 발하는
메아리가 되어
슬프고 고단한 내 시의 행간마다
밝은 미소를 뿌려준다
나는 그 미소를 사랑하였으므로
네가 그리운 날이면
밤하늘
별을 본다

-「한국문학신문」 2018년 6월 13일

밤하늘 바라보며

저렇게
별빛이 아름답게 빛나는 건
멀리 있기 때문이라고
누가 일러준다

그대는
얼마나 더
아름답게 빛나려고
그리도 멀리 있는가

고요한 밤
차라리 그대가
밤하늘
별빛이면 좋겠네

-『한국국보문학』 2018년 7월호

가시꽃이 피었다

7부

눈물 조각사

아내의 고추잠자리

에돌아 에움길에 서서
지난날들을 생각한다
내가 밟고 넘어온 숱한 사선의 길에서도
이만큼이나 바로 설 수 있었던 건
아내 때문이 아니었을까
평생 아내 손에 봉긋한 봉급 한번
쥐여주지 못한
어쩌면 방랑자로
아내의 외곽을 빙빙 돌기만 했던
나는 고추잠자리
한 마리 고추잠자리
이 가을의 문턱에 서서
맑게 갠 하늘을 본다
아,
저 하늘이 바로 아내였구나
늘 외면하고 불퉁거린 것 같았지만
결국은 아내 곁에서 맴돌고 있었구나

눈 돌려 화원 밖을 보니
잘 익은 고추 몇 개가
햇볕에 녹고 있다

─「한국문학신문」 2018년 7월 18일

복사꽃 그늘 아래

고향을 베고 누워
흩날리는 내 백발을 보자니
지난날이 모질구나
붉게 타던 내 청춘
사랑도 보내놓고
미움도 거기 두고
여기저기 바라다보니
그리운 건 더 그리워
흐느껴 울다 눈을 뜨니
복사꽃이 환해라

－『한국국보문학』 2018년 7월호

그년 때문에

인고의 세월 지나
춘삼월
봄이란 년이
때만 되면
그 어느 놈과 눈 맞아
사라지더니
잊을 만하면
찾아와
꽃봉오리도 터트려 놓고
잎눈도 찢어 놓고
새싹도 솟게 한다
그년 때문에
내 마음도
설렌다오.

―『한국국보문학』2018년 10월호

옛 시집을 펴들고

늦은 오후 평상에 앉아
옛 시집을 읽고 있네
칠십 평생 돌이켜보니
남길 게 이것뿐인가 싶어
수없이 지껄여온 말들
쑥스럽고
참 부끄럽기만 하네

요령 소리 귓전을 울리던
어지럽게 눈 내리던 날
들리지 않으셨나
뭉클뭉클 쏟아내는 목쉰 통곡
함박눈 속으로 무정하게
뒤도 돌아보지 않으시고 들어가신
눈에 밟히는 내 아버지

이 대목쯤에서
텅 빈 날

밤길을 환하게 비추었네

더는 시집을 읽을 수 없었네

행여 오셨나
유리문 열고
바깥으로 나가려다
아버지보다도 백발인 내가
퀭한 눈으로 날 바라보네.

-『한국국보문학』 2018년 10월호

명태

명태는
여러 가지 이름을 갖고 있다
어부들의 손에 잡혀
시장으로 가면 생태요
줄에 걸려 바닷바람에
비쭉 비쭉 마르면
코다리가 된다
진부령 덕장으로 가 겨우내
얼었다 녹았다 마르면 황태가 되고
처마 밑에 걸려 마르면
북어가 되고
냉동창고에 들어가면 동태가 된다
어머니 손에 잡히면
국이 되고 탕이 되고 찌개도 되고
찜도 된다
술꾼들이 먹으면 술안주요
술 취한 이가 먹으면 속풀이도 된다

명태는
우리 서민들의 소중한 반찬이다.

―『한국국보문학』 2018년 10월호

아름다운 여백

무수한 별들이 뜨고 지는 걸
마등산은 보고 알았다네
밤새워 쓴 긴 문장
끝내 빛을 내지 못하는
너무 많은 비문
종기처럼 벌겋게 곪고 있네
고름 짜내듯
아예 미련 없이 삭제하니
환한 여백이 아름답네
이 세상에 무엇이 있고
없음일랑 따지지 마시게
세상 다 가질 것도 아니지 않은가
가는 길 묻지 마시게
거스를 수 없는 세상살이였던 만큼
언젠가는 그 길이 되밀려 오리니
바다의 여백이 고요해 보이는 것은
깊은 속을 가지고 있기 때문이리니

―『한국국보문학 동인문집』제26호 2018년 가을

마등산 : 오산시 원동에 위치하여 화성시, 평택시, 용인시와 경계를 이룬 산으로 말의 등을 닮았다고 해서 붙여진 이름이다.

이런 날

태양이
뉘엿뉘엿 넘어가니
참 쓸쓸하다
흰 구름도
바람 따라 흘러가고
이런 날
내 가슴 빈 곳에
바람도 담고
구름도 담고
세상사 모두 가슴에 담고 싶다
청청한
저 가을 하늘까지도
텅 빈 내 가슴에 담아두고 싶다

어느새
황혼의 시간
가을빛에
가슴만이 두근거린다

-『한국국보문학』2018년 10월호

눈물 조각사

한겨울
눈보라에도
하염없이 피고 지는
십수 년은 그저 그래서
그러려니
흘려보냈고
또 몇 년은 궁금해서
문밖으로 나가 봤지만
힘들여 쫓은 그만큼
저 만큼씩 멀어져가는
어머니!
당신의 그림자가
오늘 더욱 젖습니다

-『한국국보문학』 2018년 10월호

대추나무 메뚜기

우리들은 벼메뚜기
눈이 멍든 메뚜기
도리깨로 후려친 듯
우리들의 만남은
순간을 피었다 지는
삼월의 벚꽃 한나절처럼
그렇게 가는구나
뭐라 말은 못 하지만
벼락 맞은 대추나무인 듯
너희는 나의 여일(餘日)
그리움에 벌써 타누나

—『오산시문학』제8호 2017~2018년

원규, 민순, 정택 아우들과의 만남은 항상 짧다. 삶에 치어 지쳐가면서도 그들을 만날 수 있음은 내게 있어 일급 청정수와 같다. 그래도 만났다가 금방 가버리는 그들의 뒷모습이 섭섭함은 지금도 지울 수 없는 아쉬움이다.

고적한 간이역

온 곳도 잊고
갈 곳도 잊은 채
머언 하늘 속에 아련히
그리운 얼굴들이
아지랑이로 피어오른다
오가는 이들
내려놓고 태우며 떠나는 열차
너의 뒷모습만큼이나
잊은 세월이 아득한데
내 삶은
허공에 떠돌다 사라지는
구름 한 조각
이 가을이 제법
고적하구나!

-『문학공간』 2018년 11월호

밥상

이 세상 존재하는
온갖 상 중에
꼭 한번 죽기 전에
받아보고 싶은 상이 있다
빌딩이 무너져라, 큰소리 나는 박수와
오색 불빛이 반짝이는
강당 연단에서 받는
그런 상이 아니라
어머니 손맛 물씬 묻어나는
토란국 한 그릇과
네댓 가지 나물이 놓인
밥상!
귀가 떨어져 나가 흔들리는
개다리소반이어도 좋다
일 년 사시사철 받아도
동전 한 닢 건넨 적 없는
그런 밥상을
꼭 한 번만 더 받아 보고 싶다

―「한국문학신문」 2019년 1월 16일

다듬이 소리

오랜 세월이 흘러
기억에서조차 가물가물한
시골 마을을 찾았네
참매미 울음소리가
서러운 하늘빛을 조각조각 훑어 내리던
내 고향 밀머리!
무성한 백발과 느티나무 그늘에 밀려
옛집은 허물어져 흔적조차 없지만
그 집 그 터에 놓여있는
귀퉁이가 닳아버린 동그마한 다듬잇돌
비 내리는 날이면
대청마루에서 다듬질하시던
어머니가 거기 앉아 계신다
또드락 똑똑 또드락 똑똑···
눈을 가만 감고 있자니
마치 내 어깨를 두드리던
어머니의 손길처럼
또드락 똑똑 또드락 똑똑

끊임이 없네
어머니 다듬질하던 그 자리에
오늘은 내가 앉아
어머니의 하얀 모시 적삼이 된다

　　　　　　―「도민일보」 월요시단 2019년 1월 21일

화원의 달빛

내가 매던 텃밭 주변
벚꽃이 한창인데
그늘 쓰고 들어앉아
궁상떠는 이 화원에
문 열고 들어오다
객쩍게 웃는 여인
환한 봄밤 꾀꼬리보다
그 모습이 곱더라

-『한국국보문학』 2019년 2월호

구름의 얼굴

그 누구도 모르는 곳으로
멀리멀리 가고 싶은 날이 있다
가방을 어깨에 걸치고
한나절을 하염없이 걸었다
하늘만 보고 걸었다
떠있는 구름이
아내의 얼굴을 그리고 있었다
아들과 며느리
손자 손녀의 얼굴들도 만들고 있었다
그들과의 사랑을 떠올리며
한나절을 걸었다
도착한 마등산 지리봉!
마음속 내 사랑들의 이야기를
있는 대로 산에 풀어 놓았다
산에 가만히 귀 기울이면
내 가족의 목소리가 들린다
새소리도 들린다
그 누구도 모르게
하염없이 걷는 날에는….
ㅡ『21문학시대』 2019년 창간호 · 봄

봄이 오는 길목에서

기러기 울며불며
남쪽으로 남쪽으로 지나가던 날
비둘기도 구구구 울며
내 곁을 떠났다

그날 까치도 날아와
까악까악 울며 울다
어디론가 날아갔다
나도 이젠
소리 없이 운암뜰을 떠난다

그날
내가 머물던 운암뜰엔
밤새 보슬비가 내렸다

-『21문학시대』2019년 여름호

편지
- 동수에게

아홉 살 어린 나이에
일기를 쓴다며 시를 쓰는
우리 동수 참으로 대견하구나

사랑하는 동수야!
사람은 누구나
한세상 살아가며
앞을 보고 가지만
때론
뒤도 돌아보며 가야한단다
지나간 세월은
앞으로 살아갈 날의
거울이기 때문이란다

사랑하는 동수야!
기왕에 너의 글을
이 세상에 남기려거든
네 글을 읽는 이들에게

본보기가 되고
방향을 올바르게 안내하는

나침판이 되는 글을
남겼으면 하는 게
이 할아비의 바람이다
그리고
겸손과 배려하는 마음도 잊지 마라
이 세상은 다른 사람들과 더불어
함께 사는 거란다
또한
말도 신중하게 해야 한다
무심코 내뱉는 말 한마디가
다른 이들에게 상처가 되지만
너 자신은 더 큰 상처가 됨을 잊지 마라
또한
누구나 대한민국 국민이라면
4대 의무(교육 근로 납세 국방)를 지켜야한다
그리고
나 자신보다는 국가와 가정을
먼저 소중하게 생각해야한다

사랑하는 동수야!

부디 당부하건데
형제간에 우애 있고
부모에게 효도하는 동수가
되길 바라며
건필하고 건강하고
우리나라에 꼭 필요한 사람이 되길
이 할아비는
늘 기도하련다

         2019년 1월 1일
       운암뜰에서 할아버지가.

       −『한국국보문학』 2019년 2월호

그 사람

2019년 3월
운암뜰을 떠나오던 날
까치도 비둘기도
기러기도 하늘을 날며
나를 달래주듯
울며불며 떠났다
나도 무거운 발걸음으로
운암뜰을 떠나왔다

언제나 가슴 한켠에
숨어있던 그 사람
화원을 운영 할 때는 가끔
그 사람이 생각이 나면
기이하게도
찾아왔던 그 사람
이젠
운암뜰을 떠나오매
그 사람을 다시는

볼 수 없으리라 생각하며
늘 그리워만 했는데
가을이 조금씩 멀어져 가는
늦가을 날
그렇게 그리워했던 그 사람
그 사람이 찾아왔다

11월 11일
가래떡 먹는 날이라며
가래떡을 한 움큼 들고
찾아왔다
그 사람은 바로 김지영
그리웠던 김지영이다
나는 너무 반가워
지영이와 손잡고 덩실덩실
춤추고 싶었다

운암뜰을 떠나며 다시는
만나지 못할 줄 알았는데
이렇게 지영이가 찾아와
정말 반가웠다
그동안 지영이도

이 늙은이가 보고 싶었는지
내 손을 덥석 잡는다
우리는 그렇게 회포를 풀고
또 만날 것을 약속하고
헤어졌다

나는 그날 오랜만에
한 드라마 속에
애비와 딸이 만난 듯 무척
행복했다

지영아
너는 나에게 이렇게 늘
행복을 주는 사람이란다
언제나
내 가슴에서 떠날 줄 모르는
사랑스러운 내 딸처럼
늘 그리워할 것이다

부디
가족들 모두 건강하고
행복하길 기도할게

사랑한다
지영아.

-『한국국보문학』2021년 1월호

만남

돌담이 바람에 무너지지 않는 까닭은
틈 때문이다.

돌과 틈 사이에 드문드문 나 있는 틈이
바람의 길이 되어 주기 때문이다.

내륙의 바람이 시멘트 담장을 무너뜨려도
제주의 돌담을 허물지 않는 이유 단 하나

돌담은
바람의 길을 막아서지
않기 때문이다.

나는 그런 돌담 같은 사람이 좋다.
담장처럼 반듯하고 격이 있어 보여도
군데군데 빈틈이 있어
그 사이로 사람 냄새가 새 나오는 그런 사람이 좋다.

꼭 완벽할 필요는 없다.
사실 완벽한 사람도 없다.

완벽이란 이름으로
힘들게 찾은 사람 냄새나는 빈틈을
메워 버리는 바보만 있을 뿐

그대 빈틈을 허하라.
바람이 돌담에 스며들 듯
사람이 사람에게 스며들 수 있도록.

※ 월간 국보문학 임수홍 발행인을 오랜만에 만나 쓴 시.

−『한국국보문학』 2021년 1월호

팬지꽃 그녀

그녀를 알게 된 건
꽃과 까치 때문이었다
이제와 생각해 봐도
우연이 아니었고
필연의 강을 건너며
놓인 돌이
백 개 천개 일만 개가
비록 떨어져
아주 멀리 있어도
한 개 한개 놓인 돌을 밟으며
세월 강을 건널 때마다
까치는 우리 가까이에
큰 둥지를 틀곤 했다
꽃을 가꾼다는 것은
그리움이 있기 때문이다
꽃의 향기를 전하는
간지러움만큼이나
그리운 그 사람!

그녀 이름을 부를 때마다
입안에 향기가 고이고
꽃잎과 뿌리만큼이나
우리는
멀리 떨어져 산다 해도
꽃이 꽃을 피우는 한
우린 아주 가까이
있을 거요.

나는
그녀 앞길에
항상
팬지꽃이 환하기를
기도할께요.

-『한국국보문학』 2021년 1월호

□ **작품 해설**

그리움, 행복했던 날들의 비망록

경암 **이원규**
시인 · 문학평론가

일즉일체다즉일(一卽一切多卽一)
하나가 모두이고 모두가 하나이네
– 의상대사 화엄일승법계도(華嚴一乘法界圖)에서 모심

□ **화(華)**

 지난날의 추억은 복기하면 할수록 끝없이 쏟아져 나온다. 그 기억 속에는 즐겁고 기쁜 순간보다는 어렵고 고단했던 순간이 더 많다. 그래서 시인은 슬픔조차도 슬프다고 표현하지 않고, 더 슬픈 모습의 다른 사물을 데려다가 시인 대신 울게 한다. 이렇게 마음으로나마 스스로 위로받는 삶의 존재 방식으로 모질게 사는 게 시인의 삶이다.

인간이 사회적 존재라는 거창한 말을 들먹이지 않더라도 서로 돕고 어울리며 사는 게 세상살이의 정도이다. 사람과 사람이 모여 사회가 형성되었지만, 사람의 마음은 간사해서 남의 고통을 내 고통으로 받아들이기를 거부한다. 그러나 내 아픔을 어느 누가 나처럼 완전하게 이해하고 함께 슬퍼해 주기를 원한다. 서로서로 경계하고 경쟁하며 살아가는 일상에서 잠시나마 그렇게 갈등을 털고 좋아하는 삶에 몰두할 수만 있다면 얼마나 좋을까? 그런 삶이 바로 무상무념(無想無念)의 경지이며 참다운 시인의 길이 아닌가 싶다.

송암 김선우 시인은 사회의 공직에서 은퇴 후 아내가 운영하는 화원으로 돌아왔다. 그의 삶은 이순(耳順)의 고개를 넘기면서 삶의 방향을 180도로 바꾸었다. 그냥 늙는 할아버지가 아닌 '새내기 시인'이 된 것만으로도 충분히 인생 이모작을 성공적으로 시작한 거나 다름없다. 몸에 밴 군인정신을 바탕으로 마음을 헹궈내며 반성문 써내듯 한줄 한줄 원고를 썼다. 그가 지금까지 쓴 시편들은 일상에서 접하는 사물 언어를 중심축으로 삼아 삶의 모습을 에둘러 표현하지 않고, 보이대로 있는 그대로 알기 쉽게 시상을 전개한다. 지금부터는 송암 김선우 시인을 '송암'으로 호칭하며 각종 문예지와 신문에 발표했던 작품들을 중심으로 조금씩만 시인의 길을 따라가 보겠다.

□ **엄(嚴)**

송암의 시는 평범한 생활 시다. 아니 송암은 시를 생활화하는 시인이다. 그의 표현을 빌리자면 '그리운 이를 그리워하며/나만의 시를 짓고/나만의 탑을 쌓아 올리는/나만의 궁전'이라는 그 화원은 송암의 시가 생산되는 현장이 되었다. 늙마에 시작한 작품이라서 특별한 기교를 구사하지 않고 주변에서 일어나는 생활담이나 자기 생각을 담담하게 풀어냈다. 그렇다고 단순하게 사적인 생활 쪽으로만 쓴 게 아니라 가끔은 일상에서의 일탈도 감행한다. 그런 때는 주변의 하찮은 사건조차 그냥 시가 되는 듯했다고 한다.

이제 등단 작품부터 시작하여 최근에 발표했던 작품들까지 한 짐 가득 등에 지고 화엄의 세계로 들어가고자 한다. 아래의 시는 송암이 난생처음 써서 첫 번째로 활자화되어 지면에 발표했던 작품이다. 잠시 숨을 고르는 의미에서 소리 내어 읽어보자.

이 산 저 산
오고 감을

> 상관치 않겠으나
> 착한 마음
> 아프지 말아주오
> 이 자리 저 자리
> 따지지 마시고
> 바람에 구름 가듯
> 달빛 흐르듯
> 그냥
> 그렇게
> 살아봄이 어떻겠소

— 「바람에 구름 가듯」 전문
『오산문화』 2007년 오산문화원

  화엄경은 "자아를 초월한 자기, 자기 본성을 아는 것뿐만 아니라, 세계가 세계를 아는 것이다. 다시 또, 아는 것에 그치는 것이 아니라 실천을 통해서 세계의 실상을 실현하는 것"이라는 깨달음을 담은 불교 경전 중 하나이다. 춘원 이광수도 "화엄경이야말로 세계 문학의 최고 작품의 하나"라고 찬탄했다. 그 화엄경 중 보살이 수행 과정에서 거치는 열 가지 지혜의 단계인 '10지품(十地品)를 방향타로 삼아 이 글을 써 내려가고자 한다.

◈ 1지 환희지(歡喜地)

  보살로서의 길을 가기 시작하면서, 찰나에 안주하여

환희를 얻고, 깨달음에 이르러 무욕을 실천하며, 다른 이들을 도우려는 생각에 기쁨으로 충만하여 있는 보살의 첫 번째 수행 과정이다.

① 내가 바르면 바른 길을 가는 것이요
　내가 바르지 못하면
　바르지 못한 길을 가는 것입니다
　내가 없으면 길도 없는 법,
　무슨 길인들 소용이 있겠습니까.
　　　　　　　　　　　　－「마음의 길」부분
　　　　　『문예사조』 2008년 8월호 신인상 당선 시

② 햇빛 거두는 곳에는
　바람도 서늘합니다

　꽃과 새들
　앉을자리 찾지 못해
　슬퍼하네요
　　　　　　　　　　　　－「계곡에서」부분
　　　　　『한국작가』 2008년 가을호 등단 시

시 ①에서 송암은 분명하고 단호한 목소리로 '바른길'을 지목한다. 이 명제는 절대로 바뀔 리 없을 송암의 생활 방식임이 분명하다. 그는 등단 소감에서 가식이란 거품은 티끌만치도 허용하지 않겠다는 각오를 다지고 있다. 첫 신인상 당선 작품 중 하나이기도 한 시 ①은 '길'을 소재와 주제로 삼았다. 사람이 길을 만들고 그 길을 다시 사람이 가면서 길은 또 다른 길과 만난다. 사람의 삶도 이처럼 사람과 사람이 함께 만들어 가는 길 위에 있다. 우리는 세상을 살면서 순간마다 불가피한 선택에 후회를 반복하지만, 그렇게 '가는 길은 누구나 한 길'인 인생길이 된다. 내가 걸어가는 삶의 결과는 바로 내 후손의 앞길을 열어주는 바로미터가 된다. 송암은 "옆으로 가면 옆길이요/뒤로 가면 뒷길입니다/휘어진 길을 간다고 해도/내가 바르면 바른길로 가는 것"이라고 다부지게 주장한다.

삶에 대한 시는 먼 옛날의 러시아 시인 푸시킨이 "삶이 그대를 속일지라도/슬퍼하거나 노하지 말라"면서 크고 작은 사무실은 물론 동네이발소의 벽면을 독점한 바 있지만, 어느 시인이나 즐겨 찾는 단골 메뉴임이 분명하다.

시 ②에서 꽃과 새들이 슬퍼하는 이유가 "앉을자리 찾지 못해"라고 단언한다. 4연 10행의 짧은 시에 방황했던 시인의 마음 상태를 담았다. 만약 아래 연도 위처럼 2행으로 처리했다면 자칫 무미건조할 뻔했으나, "슬퍼하네요"를 슬쩍 내려놓았다. 의미의 확장이 없는 행갈이는 시를 시답지 않은 괴물로 만들기가 예사이다. 효과적인 행갈이로 슬픔과 그리움의 심정을 '햇빛 거두는 곳'에 서늘하게 아로새긴 재치가 돋보인다.

  같은 해, 비슷한 시기에 등단 과정을 통과했던 두 작품은 시적 대상물을 드러내는 방법에서는 상당한 차이를 보여주고 있다. 그때는 설익었던 시절이었기에 그랬겠지만, 송암은 이 작품들이 활자화된 것을 읽으면서 앙앙불락(怏怏不樂)의 심정이 되어 서러움에 통곡했단다. 같은 시기에 두 군데 문예지로 동시에 등단하게 된 경위도 '탈락할까 봐 한 군데 더 응모하는 바람'에 그렇게 되었단다. 생각보다 너무 순진한 면이 있다. 어쩌면 그런 순수한 마음을 가졌기에 지금까지 시에 몰입할 저력이 생겼으리라 본다.

◆ 2지 이구지(離垢地)

  10선도(十善道)를 행하고 업의 때를 버리고, 계율을 갖춰 청정함을 유지하며 모든 집착과 온갖 번뇌에서 벗어나 자신을 행복하게 하고 남들도 행복하게 하는 보살의 두 번째 수행 과정이다.

① 숲에 들어서니
　바람은 나무를 흔들며 지나가고
　싱그런 내음
　곱게 핀 꽃잎
　살랑살랑 춤춘다
　산까치
　이, 저 산 오르며 노래 부르고

　　　　　　　　　　　　－「마등산·1」부분
　　　　　　　　『오산문화』제51호 2011년 오산문화원

② 그대 곁에 머물 수 있다면
　세상일
　모두 잊고
　깊은 산속에 숨어
　행여
　기다리는 세월이
　천 년이면 어떻고
　만 년이면 어떠리

　　　　　　　　　　　　　　－「행여」부분
　　　　　　　　　　『아시아 서석문학』2012년 여름호

　시 ①에 등장하는 '마등산'은 송암이 사는 동네의 앞산으로 시인에게는 마음의 거처가 될 정도로 깊이 정이 든 산이다. 마등산을 제목으로 연작시로만 10편 이상을 썼고, 「지리봉 가는 길」, 「낙엽 한 잎의 연가」, 「하늘집 한 채」 등까지 합치면 50여 편 이상의 작품에 마등산이 소재로 등장한다.

깊은 숲에 들어가면 지저귀는 산새 소리가 더욱더 맑게 들린다. 특히 해 뜰 무렵에는 그 소란스러움에 숲도 기지개를 켜며 잠을 깬다. 자연은 늘 우리 곁에 가깝게 있지만, 평소에는 그 고마움을 인식하지 못한다. 순수한 마음으로 자연의 풍경을 응시하며 빠져들면 마음에 위안은 물론 관조의 정서도 저절로 생긴다.

시 □에서 "그대 곁에 머물 수 있다면/세상일/모두 잊고/깊은 산속에 숨어" 천 년이고 만 년이고 기다리겠다는 간절한 진술이 확고부동한 진심임을 증명한다. 지금도 세월은 그리움을 남기며 성큼성큼 지나가고 있다.

'마등산' 연작 시 1편만 더 읽겠다. 장자의 '나비의 꿈' 혹은 카프카의 소설 '변신'의 변주라고 해도 좋을 듯하다. 마등산 통나무의자 위에 앉은 '낙엽 한 잎'으로 변신한 송암이 밤새 비에 젖고 있다. 단언컨대, 이 시는 글로 그린 송암의 자화상이 아닐까 싶다.

통나무의자 위로

나비가 날아 앉듯
낙엽 한 잎 앉았다

숲의 고요를 깨는
풀벌레 울음소리

그날은
가을비가 밤새 내렸다

―「마등산 · 6」 전문
『동서문학』 2012년 가을호

「마등산 · 10」에 가면 부제를 아예 '청춘을 돌려다오'라고 달고 '젊음의 노트'를 꺼내고 있다. 청춘의 한 시절은 송암에게는 잊을 수 없는 그리움이며 마음속에 사무치게 각인된 추억인 게 분명하다.

◈ 3지 발광지(發光地)

올바른 진리 탐구와 익힘에 더욱더 정진하며 진리를 듣고, 기뻐하고, 즐기고, 의지하고, 따르고, 이해하고, 순종하고, 진리에 도달하고, 안주하고 실천하는 지혜의 빛이 샘솟는 보살의 세 번째 수행 과정이다.

① 마음이라는
   빛이 머물고 있는 그릇
   석등을 등대 삼고
   마음을 다스려

허리를 바로 세우고
눈을 지그시 고정하고
숨을 고른다.

돌탑, 부도에 숨겨진 그것은
나는 누구인가
생사를 뛰어넘어 업을 태우고
진리를 등불로 삼아도
화두는
공중에 떠다니고 망상만이 일어난다.
시간과의 싸움
걸어온 길,
하루하루를 지워본다.

-「길에서 화두를 줍다」 전문
『한올문학』 2013년 8월

② 마등산 나뭇잎 지는 소리가
　사무치게 그리운 날

　구름의 집은 바람 부는 쪽에 있고
　사람의 집은 마음 머무는 곳에 있다고
　누가 일러준다

　또 하루가 그냥 지나간다

-「백년」 전문
『시혼』 창간호 2013년

바쁜 일상 속에서 우리는 자신마저 제대로 챙기지 못하고 살아가지만, 어떤 특별한 계기나 사건을 통해 '나'라는 존재를 심각하게 고민한다. 시 ①은 송암의 첫 시선집 제목으로 삼기도 했던 그가 아끼는 작품 중 하나이다.

 화엄경에는 원효가 한밤중에 해골에 담긴 물을 마시고 아침에 도를 깨달았다는 일체유심조(一切唯心造)의 일화가 있다. 모든 것은 마음에 달려있다는 뜻이다. 방송을 통해서 촌철살인의 인생 상담을 펼치는 법륜 스님도 '즉문즉설'에서 "달을 보고 슬픈 감정을 느꼈다고 가정하자. 그럼 달이 나에게 슬픔을 준 것인가. 아니면 스스로 슬픈 것인가."라고 되물었다. 아함경에도 "행복과 불행은 늘 같이 다닌다"라고 했다. 우리의 고통은 행복만을 원하고 불행은 원치 않는 데서 비롯된다. 행복과 불행은 마음먹기에 달려 있다. 그래서 시인은 오늘도 마음속에 담긴 시를 꺼내기 위해 마등산을 오르며 돌탑을 쌓듯이 그리움의 단어들을 차곡차곡 쌓고 있다. 송암은 뒤늦게 걸린 시동임에도 거침없이 속력을 내면서 전력 질주하며 참 많이도 써냈다. 송암의 시는 이름을 가리고 읽어도 알아볼 정도로 특이한 개성이 있다.

 시 ②는 '백년'이라는 제목이라서 상당한 비약을 기대

했다. 마지막 연을 한 행으로 '또 하루가 그냥 지나간다'라고 '그냥' 싱겁게 끝맺음 돼서 당혹스럽고 어리둥절했다. 사실인즉슨 이 시의 원제목은 〈마등산에서〉였단다. 그런데 시평을 받으러 광주로 내려갔을 때, 송수권 시인이 〈백년〉으로 제목을 바꾸는 게 낫겠다고 권했단다. 첫 만남이 백년의 인연으로 얽히는 순간이었다. 그 후 송수권 시인과는 서로 왕래는 못 했어도 '형님, 동생' 하면서 자주 통화는 했단다. 송암의 칠순 기념으로 시선집 『길에서 화두를 줍다』 출판기념회에 모시고자 했으나, 그 당시 사모님이 중병 중이었고, 애석하게도 송 시인도 2016년 4월 4일 세상을 뜨고 말았으니, 현세에서는 딱 한 번의 만남이었다.

  시 ②와 비슷한 창작 기법의 시 2편을 연달아 읽어보자.

    아내는
    마음을 다스린다고
    백련암으로 가고
    나는
    시를 짓는다고
    긴 밤을 꼬박 새웠다

    닷새가 지난 후

    나는

포근한 봄빛을 안았다.

－「아내의 기도」전문
『문예사조』2013년 7월호

　겨우내
　 안으로 인내하며
　 관세음보살 자비심이
　 연분홍
　 고사리 같은
　 속살 드러낸 꽃
　 봄빛,

　눈부시구나

－「관음죽」전문
『시예문학』제16집 2013년 6월

◈ 4지 염혜지(焰慧地)

　진리를 향한 그 지혜가 불꽃처럼 빛나고 선악의 판정에 더욱 밝아져 의혹이 없어진 경지로 양심의 구현에 최선을 다하는 보살의 네 번째 수행 과정이다.

　① 늦기 전에
　　 가끔 오르던 마등산 등성이쯤
　　 하늘 닮은 집 한 채 지어두고
　　 가슴에 남은

그리운 이들을 그리며
　　남은 생을 걷고 싶다
　　　　　-「하늘집 한 채」 부분 『글길문학』 제40호 2013년

　② 수척해진 바람 남기고
　　멀리 떠나버린, 차마 부르지 못했던
　　누군가의 뒷모습처럼
　　아득하게 자리 잡은 봄날과
　　애잔하게 울음 울던 풀벌레
　　두 계절의 사이로 번지는 뜨거운 여름이 그립다
　　　　　　　　　　-「낙엽 한 잎의 연가」 부분
　　　　　　　　『한국시인연대 사화집』 제23집 2013년

　그리움은 종이에 쓴 마음이 아니라 마음속에 그린 그림이며, 그림처럼 떠오르는 글이다. 안양의 김대규 시인은 창작의 욕구는 "그리움→그림→글"이라고 강조했으며, '사랑'을 주제로 쓴 아포리즘 모음집 『사랑의 팡세』에서는 "그리움×그리움=사랑, 그리움÷그리움=이별, 그리움+그리움=추억, 그리움-그리움=망각"이라는 공식까지 선보였다.

　사람의 감성은 마음 씀씀이와 상황의 변화에 따라 수시로 변한다. 송암의 시에서 가장 빈번하게 등장하는 정서의 기표는 '그리움'이다. 시 ①과 ②에서도 공통으로

그리움이 깊숙하게 마음의 거처에 자리 잡고 세속에 대한 끝없는 애착을 드러내고 있다.

아무리 바빠도 때로는 가던 발걸음 잠시 멈추고 자신의 내면을 짧게나마 들여다볼 성찰의 시간을 가져야 한다. 분명한 것은 '책 속에 길이 있다'는 사실을 알기에 시 ①에서 송암은 "화원 한 켠에 앉아/지난날의 책갈피를 넘기며/안타까운 마음을 달랜다" 라면서 좋은 시를 쓰기 위해 침침한 눈을 부릅뜨고 책을 읽고 있다.

시 ②에서는 세월이 가면서 그립고 애석했던 옛일을 낙엽에 비유한다. 특히, "뜨거운 여름이 그립다"고 했다. 그 여름은 다름 아닌 송암의 청춘 시절이다. "한 우주가 온전히 돌고 돌 듯/내 삶과 그리움도 맞물려 돌아간다"라는 표현은 "자연과 내가 하나가 된다"는 물아일체(物我一體)의 믿음이며, 이러한 불교적 시구는 오랜 삶의 연륜과 믿음의 열매들에서 참기름 짜내듯 짜낸 농축액이다.

젊었던 그때를 생각하면 지금도 자존감(自尊感)이 불끈 되살아난다. 자존감은 흔들리지 않고 이 세상을 헤쳐 나가는 데 꼭 필요한 마음이다. 자신을 스스로 존중함으로써 위엄을 세우는 주체적인 삶은 그 사람의 인생을 좌지우지한다. 세월은 가고, 계절이 바뀔 때마다 젊었던 그 시절은 더욱더 절절하게 떠오른다. 밀쳐두거나 숨긴다고 해서 그때가 감춰질 리 없다. 그 기억은 기억 저편이 아니라, 지금 여기의 생생한 마음자리에 살아 있다.

◈ 5지 난승지(難勝地)

평등한 마음을 갖추어 어떠한 것에 의해서도 지배를 받는 일이 없고, 이제는 선정을 충분히 수행하여 어떠한 것에 의해서도 쉽게 무너지지 않고, 누구도 굴복시키지 못하는 보살의 다섯 번째 수행 과정이다.

① 그 사랑
너무 아름다워
세상에 내놓을 수 없고

그 사랑
너무 애틋하여
가슴에 고이 간직하였더니

깊은 슬픔에
그리움이 사무쳐
가슴을 찌르는
가시꽃이 피었다

-「가시꽃이 피었다」 전문
『운암뜰』 제41호 2014년 오산여류문학회 초대시

② 우주와 홍황 사이
　이만한 즐거움을 또 찾을 수 있을까
　장자의 내편을 읽는 즐거움
운암뜰에 들어선 나의 화원이
내겐 이상향인데
만물이 변하고
각자 갈 길이 다르다 하나
이마 위 주름은 세상을 덮고
주름이 덮은 세상 사이로 나를 반추해 본다
　　　　　　　　　　　　　　－「바람의 사연」 부분
　　　　　　　　　　　　　　『부안문학』 2014년 제20호

　가장 이상적인 시는 다양한 즐거움을 주고 깊은 깨우침을 얻게 하는 시다. 물론 우리가 얻는 즐거움과 깨우침의 크기는 사람에 따라 차이가 난다. 송암이 즐겨 쓰는 연가성 시는 단순한 연애시가 아니다. '사랑'이라는 단어가 시어로 쓰이긴 하지만, 그 사랑은 안팎을 거멀못을 친 듯 옭아맨 인간적 '그리움'으로 가닿는 창작의 고뇌이며 또한 배움의 열망이다. 시 ①에서 '그 사랑'을 꼭 사랑하는 사람으로만 읽을 필요는 없다. 연애시의 형식을 빌렸지만, 송암의 시를 읽으면서 다양한 층위의 은유적 '님'을 상상하는 것도 흥미롭다. 송암이 마음속에 모신 스승인 만해도 「사랑의 존재」라는 시에서 "사랑을 '사랑'이라고 하면, 벌써 사랑은 아닙니다./사랑을 이름 지을 만한 말이나 글이 어데 있습니까."라고 하지 않았던가. 더군다나 '세상에 내놓을 수 없어 가슴에 고이 간직했던 사랑'이 '가시꽃'으로 피고 있다. 아름다운 장미에 가시가 돋쳤듯이 아무리 행복해 보여도 누구나 자신을 괴롭히는 '가시'가 한두 개쯤 가슴속에 있게 마련이다. "그리움이 사무쳐/가슴을 찌르는/가시꽃이 피었다"고 하니 이보다 더 애틋하고 아픈 사랑이 그 어디 있으랴.

  시 ②에서 고백하듯이 송암은 수십 년간 화원을 경영했다. "운암뜰에 들어선 나의 화원이/내겐 이상향"이라 여기며 큰 이문이 남는 장사는 아니었지만, 아내와 함께 온종일 장자처럼 붙박이로 화원에 박혀 있었다. 짬이 나는 대로 사색하며 글도 썼다. 오가다가 이따금 찾아오는 후배들은 누구나 송암을 '큰형님'이라 부르며 따랐다. 그 바람에 팔자에도 없던 장자(長子)가 된 셈이다. 장자(莊子)는 내편 「제물론」 마지막 장에서 그 유명한 '나비의 꿈, 호접지몽(胡蝶之夢)'에 들어 꿈에서 깨어난 후 '내가 나비의 꿈을 꾼 것인가, 나비가 나의 꿈을 꾼 것인가'라고 했다지만…. 송암도 세상에서 꾸는 꿈 중에서 "이만한 즐거움을 또 찾을 수 있을까"라면서 자신의 화원을 무릉도원보다도 더 귀히 여겼다.

◆ 6지 현전지(現前地)

　모든 지혜가 다 나타나는 경지로, 나에 대한 집착을 버리고 마음을 닦아 삶 속에서 중생을 교화하고 진리가 인도하는 여섯 번째 단계이다.

① 세상 모든 부처님은 돌을 입고 앉았지만
　그 돌 틈 골짜기마다 쑥잎처럼 자비가 돋고
　그 쑥잎을 볼 때마다 우리는
　지금도 저세상에서 한 조각 쑥개떡을 물고
　내 유년의 집을 지키고 서 있을
　누렁이를 생각한다.
　　　　　　　　　　　　　　―「누렁이」 부분
　　　　　　　　　　　　　『월간문학』 2015년 3월호

② 대한민국은 우리나라 국호요
　국민 삶의 터전이다
　너와 나 할 것 없이 온 국민이
　이 나라를 가꿔 나가며
　지켜야 할 의무와 책임이 있다
　우리는 자손 대대로 이 땅 위에서
　자유와 행복을 누리며 살려면
　나 자신보다 나라를 먼저
　생각해야 한다
　이 나라가 없으면 나 자신도

없기 때문이다
국유연후유신
국민을 대표해서 나라를 이끌어가는
지도자들은 더 가슴 깊이 새겨야 한다.
—「국유연후유신」전문
『문예사조』 2016년 7월호

  시 ①의 앞부분은 너무 끔찍한 사건이라서 인용을 생략했다. 자기를 몰라보고 짖었다고 친척 아저씨가 묶여 있는 개를 쇠스랑으로 무참히 찔려죽였다. "누렁이는/가족들이 과수원에 나가 일을 하면/집을 지키고/가족들이 집에 들어오면/과수원으로 달려가 과수원을 지켰다"는 충직한 개였는데 말이다.
  집안에서 기르던 개의 죽음으로 상처받은 사람들이 의외로 많을 줄로 안다. 개는 품종이 좋은 개가 아니더라도 정을 붙이면서 함께 살다 보면 자연스럽게 한 식구인 가족이 된다. 개를 키우는 모든 사람은 자기 집 개가 최고로 영리하고 똑똑하다고 믿는다. 모든 개는 목줄로 자신을 묶어놔도 아무런 불평불만을 하지 않는다. 무엇보다도 주인을 절대로 배신하지 않고 언제나 반겨주는 붙임성이 있다. 그뿐이 아니다. 개는 사람 말을 잘 알아들으면서도 결코 그 말을 옮기지 않고 끝까지 비밀로 지키며 침묵한다. 반려동물 '천만 시대'라고 한다. 요즘에는 반려견도 신분이 수직으로 상승하여 방안까지 들어와 사람들과 거의 똑같은 자격으로 행세하며 산다.

  시인은 누구나 자신이나 주변 그리고 자기가 사는 시대에 대해 행복으로 노래하거나 불행으로 노래한다. 시②에서의 주장을 한마디로 말하면 사람의 본분을 지키자는 얘기다. 정치적 발언이 아니다. 요즘 돌아가는 시국이 하 수상하니, 진정 가치 있는 게 무엇인지 뒤돌아보며 의무와 책임을 다하자는 일개 국민으로서 열변을 토하는 대국민 담화문이다. "나 자신보다 나라를 먼저 생각해야 한다"는 '국유연후유신'은 우리가 모두 가슴에 새겨야 할 기본수칙이다. 국가에 대한 충성심이 차고 넘치는 다른 작품 〈사랑 하나〉의 전문을 그대로 옮기면서, 오른손바닥을 칼날처럼 세워 경례하고 목소리도 기백 있게 전방을 향하여 짧게 끊어 구호를 외친다, 충성!

    나에겐
    담아도 담아도
    넘치지 않고
    주어도 주어도
    아깝지 않은
    그런

사랑 하나 있습니다

손잡아 보면
코스모스 같은

나의 조국이여!
-「사랑 하나」 부분
『아시아 서석문학』 2014년 가을호

◆ 7지 원행지(遠行地)

　번뇌를 벗어나 광대한 세계에 이르고 양심을 온전히 발휘하여 늘 균형을 잡을 수 있는 지혜·능력을 갖추어 실재를 있는 그대로 보게 되는 보살의 일곱 번째 수행 과정이다.

　① 겨울 나그네의 긴 여정을 떠나는 발길
　　　상처 주고
　　　상처받으며
　　　전사처럼 살아온 날들이
　　　눈에 밟힌다
-「봄과 가을 사이에서」 부분
『한국국보문학』 2016년 9월호

② 방금 연탄불을 갈았다
　깜빡이는 밑불에 의지해
　차가운 몸을 기대고 있는 십구공탄 탓인지
　화원 가득 소름이 돋는다
　연탄이 타올라야
　내 주변이 훈훈할 텐데
　　　　(중략)
　그랬구나!
　연탄이 저를 태웠던 것처럼
　나도 나를 활활 태워
　주변을 덥혔을지도 모른다

－「연탄 한 장의 생애」부분
『PEN문학』 2017년 3·4월호 국제PEN클럽 한국본부

　세상을 살다보면 별의별 일을 다 겪게 되는 법이다. 하루는 반성문을 쓰고, 다음날은 다시 계획표를 짜는 게 보통사람들의 인생이다. 고통 없는 삶이 어디 있으랴 마는, 못 다 쓴 사연들이 계속 나오고 있다. 시 ①은 제목에서 보듯 여름이 빠져있는데, "상처 주고/상처받으며/전사처럼 살아온 날들이/눈에 밟히기" 때문이라는 젊은 날에 대한 반성문에 가깝다. 시인의 젊은 시절은 그야말로 파란만장이었다. 돌이켜보니 젊은 시절의 사회적인 명예나 지위도 거추장스러운 구속일 뿐이었다. 송암의

외모는 백련처럼 깔끔한 머리카락도 그러하지만, 인생 또한 단정했다. 카리스마 넘치는 강한 인상도 시를 쓰면서 은은하고 그윽하게 향기를 뿜어내는 중후한 어르신의 풍모로 바뀌었다.

시 ②는 화원에서 연탄불을 갈아주는 상황 시다. 현실적으로 삶은 두 장의 연탄처럼 아래와 위, 행복과 불행, 삶과 죽음이 늘 함께 붙어있다. 여기에서 삶이란 일상적인 삶뿐만 아니라 시인으로 사는 삶까지도 포함된다. 이처럼 시어는 일상적인 언어와 똑같지만, 새로운 질서를 가진 또 하나의 다른 세계를 그려낸다는 점이 다르다.

송암은 젊은이들 못지않게 감성이 풍부한 시어를 동원하여 시를 쓰면서도 감정을 최대한 절제해서 작품이 현란하지 않고 단아하다. 따라서 시어로 쓴 단어를 사전적 뜻풀이로 직역한다면 시인이 추구하는 의도와는 전혀 다른 의미로 오역될 수도 있다. "연탄이 저를 태웠던 것처럼/나도 나를 활활 태워/주변을 뎁혔을 지도 모른다"는 발언에서처럼 매사에 부정적이지 않고 긍정적인 삶을 살아왔다는 자긍심 또한 대단하다.

한때 함께 활동했던 경기시낭송협회 배명숙 회장의 안타까운 비보를 접하고 즉석에서 조시를 썼다고 했다. 천성이 슬픔의 습기를 겉으로 드러내지 않는 성미지만,

속울음을 씹어 삼키며 쓴 원고를 지역 문학단체에 보냈으나 웬일인지 반응이 시큰둥했단다. 마침 경기도문인협회에서 원고 청탁이 와서 그곳으로 이 원고를 보냈단다. 그 시의 마지막 5행만 다시 읽는다.

> 쑥부쟁이 가을바람에 흔들립니다
> 사랑하였으므로 후회는 없다 하지만
> 흔들리는 꽃잎을 보는
> 내 눈엔 지금
> 그리움이 한창입니다.
> ―「사랑하였으므로」 부분
> 『경기문학』 2016년 경기도문인협회

◆ 8지 부동지(不動地)

번뇌로 어지러워지는 일이 없으며 목적에 사로잡히지 않아 '몸, 말, 생각의 업'으로 짓는 모든 것들이, 모두 일체의 '부처님 법'을 쌓고 모으는 보살의 여덟 번째 수행 과정이다.

> ① 서지도 앉지도 못하고
>   흔들리고 있는 나는 누구인가
>   사무치게 그리운 이름들

쟁여놓은
나의 짐보따리가 무겁다

-「오산역에서」 부분
국제PEN한국본부 『한영대역대표작선집』 2017년 9월

② 함박눈 속으로 무정하게
뒤도 돌아보지 않으시고 들어가신
눈에 밟히는 내 아버지

이 대목쯤에서
텅 빈 날
밤길을 환하게 비추었네

행여 오셨나
유리문 열고
바깥으로 나가려다
아버지보다 백발인 내가
퀭한 눈으로 날 바라보네.

-「옛 시집을 펴들고」 부분
『한국국보문학』 2018년 10월호

  기차, 라고 발음하면 가슴이 울렁거린다. 가는 목적지가 어디든 기차를 타고 여행하면 더욱더 그렇다. 창밖으로 펼쳐지는 풍경, 뒤로 밀려나던 그 풍경들은 꿈과 희

망의 파노라마가 된다. '오산역'은 송암 김선우 시인의 고향역이다. 일제강점기부터 있었던 경부선 철도로 지금은 천안·신창까지 내려간 수도권 전철도 개통되었다. 시 ①에서는 마지막 시간이 근접해 오는 인생 열차이다 보니 쟁여놓은 짐 보따리가 무겁다고 진술한다. 시간이 많이 남아 있지 않다고 생각하니 자연과 사계의 변화가 마냥 아름답고 기막히게 보이지만은 않는다.

  세상을 살면서 여러 가지 이별이 있지만, 평소에 가깝게 지내던 이의 죽음 특히 혈육 간의 이별이 가장 가슴 아프다. 2018년『문학공간』1월호에 "가끔 등을 툭툭 두드려 주시곤 하던/아버지의 묵직한 손바닥이/어리석었던 내 유년의 중심을 잡아주었던 게 아닐까"라면서 아버지를 그리던 「부자상전」이라는 시에서도 아버지가 등장한다. 시 ②는 송암보다 젊었던 날에 세상을 떠나신 아버지를 회고하는 시다. 문득 그립던 어느 날, "행여 오셨나/유리문 열고/바깥으로 나가려다/아버지보다 백발인 내가/퀭한 눈으로 바라보네"라면서 아버지를 닮은 자신의 모습에 깜짝 놀라며 마침표를 찍었다. 마침표를 찍는 시가 있는가 하면, 마침표를 찍지 않는 시도 많아졌다. 시적 허용이라면서 일반적으로는 독자가 시를 '음미'하고 생각할 폭을 넓혀주려는 배려라지만, 어떤 문장에서는 끝내 마침표를 찍지 못해 괴로울 때가 한두 번이 아니다. 그래서「님 그리워하며」같은 시에서 9연 87행의 장시로 쓰면서도 마침표는 끝내 찍지 못했다.

◈ 9지 선혜지(善慧地)

4무애지(四無礙智), 즉 법, 의미, 말 그리고 즐겨 말함에 장애가 없는 경지로서, 부처님의 진리의 창고에 들어가 불가사의한 큰 힘인 해탈의 지혜를 얻어 신통력을 받들고 널리 부처님의 사업을 지어서, 두루 일체중생의 의지처가 되는 보살의 아홉 번째 수행 과정이다.

① 오랜 세월이 흘러
　기억에서조차 가물가물한
　시골 마을을 찾았네
　참매미 울음소리가
　서러운 하늘빛을 조각조각 훑어 내리던
　내 고향 밀머리!
　무성한 백발과 느티나무 그늘에 밀려
　옛집은 허물어져 흔적조차 없지만
　그 집 그 터에 놓여있는
　귀퉁이가 닳아버린 동그마한 다듬잇돌
　　　　　　　　　　　　　　　－「다듬이 소리」부분
　　　　　　　　　　　「도민일보」월요시단 2019년 1월 21일

② 기러기 울며불며
　남쪽으로 남쪽으로 지나가던 날
　비둘기도 구구구 울며
　내 곁을 떠났다

　그날 까치도 날아와
　까악까악 울며 울다
　어디론가 날아갔다
　나도 이젠
　소리 없이 운암뜰을 떠난다

　그날
　내가 머물던 운암뜰엔
　밤새 보슬비가 내렸다
　　　　　　　　　－「봄이 오는 길목에서」 전문
　　　　　　　　　『21문학시대』 2019년 여름호

　시 ①에서는 고향을 찾아간다. 그곳에서 다듬잇돌을 발견하고 어머니를 떠올린다. "대청마루에서 다듬질하시던/어머니가 거기 앉아 계신다/또르락 똑똑 또르락 똑똑…" 누구에게나 어머니는 끊임없이 용기를 주는 삶의 충전소이며 영혼의 안식처가 된다. 결핍은 필연적으로 충족을 원하지만, 어머니의 부재는 그 어떤 다른 것으로도 대신 채워질 수 없기에 영원한 그리움으로 남는다.

앞에서도 잠깐 언급했지만, 오산경찰서 정문 들머리에 있던 화원은 송암의 사업장이며 송암에게는 창작실이고 지인들에게는 오가다가 들려보는 동네 사랑방 구실도 했었다. 그 화원이 철거되었다. 운암뜰을 가로지르는 산업도로를 확장하는 과정에서 밀려나게 되었다. 시②는 그 화원을 떠나기 전날에 썼단다. 마땅히 다른 곳으로 사업장을 옮길 형편도 못 되고, 이젠 나이도 있고 하니 두 아들과 며느리가 "용돈은 드릴 테니 그만 쉬시라"고 권했단다. 갑자기 실업자가 된 후 장염이 와서 병원 신세도 졌다. 종합검진을 받는 김에 며칠 동안은 아예 입원해서 누워 있었단다. 스트레스가 몰려왔음은 불문가지다. 필자의 아내가 "자주 오던 카톡이 갑자기 끊겼다"면서 "형님께 전화 좀 넣어보라"고 내게 닦달했다. 정든 화원을 떠나는데 어찌 마음 한구석이 무너지지 않았으랴. 그런 허탈한 기분은 직접 당해본 사람만 안다.

◆ 10지 법운지(法雲地)

 대법신(大法身)을 완성하여 몸은 허공과 같이 제한이 없게 되고 지혜는 큰 구름이 되어 진리의 비를 내리는 경지이다. 즉, 무명(無明)으로 말미암은 번뇌의 불길을 모조리 꺼버린 해탈의 경지이며 보살의 마지막 수행 과정이다.

① 떠 있는 구름이
　아내의 얼굴을 그리고 있었다
　아들과 며느리
　손자 손녀의 얼굴들도 만들고 있었다
　그들과의 사랑을 떠올리며
　한나절을 걸었다
　도착한 마등산 지리봉!

-「구름의 얼굴」부분
『21문학시대』2019년 창간호 · 봄

② 사랑하는 동수야!
　기왕에 너의 글을
　이 세상에 남기려거든
　네 글을 읽는 이들에게
　본보기가 되고
　방향을 올바르게 안내하는
　나침판이 되는 글을
　남겼으면 하는 게
　이 할아비의 바람이다

-「편지」부분
『21문학시대』2019년 창간호 · 봄

송암이 시를 쓰는 이유가 분명해졌다. 시를 쓰는 것은 바로 마등산을 오르는 것과 같다고 했으니 말이다. 시 ①에서 "누구도 모르는 곳으로/멀리멀리 가고 싶은 날이었다"라고 운을 떼더니, "떠 있는 구름이/아내의 얼굴을 그리고 있었다/아들과 며느리/손자 손녀의 얼굴도 만들고 있었다/그들과의 사랑을" 떠올리며 마등산을 오르고 있다. 이처럼 송암의 시편들에서는 가족사랑은 물론 자신이 살아온 삶을 반추하고 있다. 송암은 가족뿐만 아니라, 사회와 국가에 대한 봉사와 충성심 그리고 종교를 향한 믿음까지도 강한 군인정신으로 완전무장한 뼛속까지 군인이었다. 시 ②에서는 "아홉 살 어린 나이에/일기를 쓴다며 시를 쓰는" 손자 동수의 모습이 대견해서 감격한다. 착각일 수도 있겠지만, 자신의 뒤를 꼭 이어 줄 것도 같아 볼수록 믿버고 든든해서 내친김에 간곡한 당부의 말을 편지체로 구구절절 남겼다. 예전처럼 편지지에 사연을 담아 밀봉하고 우표를 붙여서 보내는 편지가 거의 없어진 지금, 그래도 편지를 받는 것은 사랑받는 일이고, 편지를 쓰는 일은 사랑을 주는 지극한 정성이다. 가까운 사람끼리 주고받는 편지는 예나 지금이나 상대방을 배려하는 가장 따스한 애정의 문장이다. 지금이라도 늦지 않았다. 누군가 그리워지고 보고 싶으면 당장 편지를 쓰자. 혀를 내밀어 침 발라서 우표를 붙여 보내면 더욱 좋다.

□ **경(經)**

짧은 기간에 다작을 발표하면서도 일관성 있게 밀어붙인 송암의 시의 주제는 '그리움'이었다. 송암의 초기시는 다소 보수적이고 교훈적인 면이 다분했었다. 그러나 시선집 『길에서 화두를 줍다』를 낸 이후부터 획기적인 심경의 변화가 왔다. 그때부터 쓴 작품에서는 사물과 일상 속에서 생의 의미를 들여다보는 묵직하면서도 신선한 화두가 등장한다. 괴테의 말처럼 "아이들이 읽으면 동요가 되고, 젊은이들이 읽으면 철학이 되고, 늙은이가 읽으면 인생"이 되는 그런 시가 됐다는 말이다.

1945년 광복이 되던 해에 태어난 송암은 공군 연예병사로 제대 후 육군 간부후보생으로 다시 입대, 오산·화성 예비군 중대장과 재향군인회 회장 그리고 오산시 새마을회장 등을 역임하며 젊은 시절은 몽땅 고향 땅인 오산시 발전에 헌신해 애향 부문 '오산시민대상'도 받았다.

시를 쓰게 된 동기가 황당했다. 자금을 마련하기 위해서 시를 썼단다. 엉겁결에 사회단체장을 맡긴 했는데, 상당액의 출연금을 내야 했단다. 누구에게 손을 벌릴 수도 없는 처지였고, 이참에 책을 내기로 마음먹었다. 틈틈이 비망록처럼 써두었던 습작 시들을 모아 출판사에 넘겼다. 첫 시집 『들판을 적시는 단비처럼』은 그렇게 나왔고, 출판기념회가 성대하게 열렸다. 그 결과 출연금에 필요한 자금을 무난히 확보했다는 비하인드 스토리가 있다. 그 외에도 전대미문의 무용담은 한둘이 아니다. 때로는 들었던 얘기를 거듭 듣기도 하지만, 그때마다 신기하고 대단하다.

문예지를 통한 등단은 2008년도에 두 군데로 했지만, 이미 2007년에 첫 시집 『들판을 적시는 단비처럼』으로 등단한 셈이다. 시인은 역시 시로 말한다. 현실을 바라보는 융숭 깊은 눈이 밝아지고 귀가 튄 시편들을 모아 이순 이후에 소낙비 퍼붓듯 시집을 쏟아냈다. 2008년도에는 제2 시집 『보름달 사랑』과 제3 시집 『오늘도 사랑이라 믿어』, 2010년 제4 시집 『밤하늘 별처럼』, 위인 명언록 편저 『그 말을 거울로 삼고』와 시집 겸 수필집 『이 세상에 당신이 있어 행복합니다』, 2012년 제6 시집 『그리운 강』, 2014년 고희 기념 시선집 『길에서 화두를 줍다』와 제8 시집 『김선우의 작은 시집』, 2016년 제9 시집 『낡은 가방 속의 연가』와 제2 수필집 『삶의 지혜』를 펴냈다. 2017년 제10 시집 『흙에서 캔 나의 노래』, 2018년 명언집 『이 말을 거울로 삼고』와 제11 시집 『냉이꽃 편지』 등을 연달아 펴내며 왕성한 노익장을 과시하면서 시인의 길을 거침없이 걷는다. 늦깎이 등단 10여 년 만에 개인시집 10권과 시선집 그리고 명언집 2권과 『낡은 가방 속의 연가』라는 수필집까지 세상에 내놓았다. 이것만으로도 송암의 글을 향한 기가 얼마나 센지는 짐작이 가고도 남는다. 송암의 시는 이기적이고 타산적이며 비인간적인 세속에서는 존재하지 않는 순정주의적 그리움의 시다. 이제부터는 김선우 시인을 '그리움의 시인'이라고 불러도 조금도 손색이 없겠다.

이른바 글쓰기에 왕도(王道)와 지름길이 따로 있을 리 없다. 그저 많이 읽고 쓰고 고치고 또 고치면서 생각을 다듬어야 한다. 그렇게 온 힘을 다해 쓰고 다듬고 즐기다 보면, 옛사람들 말마따나 문리(文理)가 트인다. 송암이 그간 써낸 작품도 그러하지만, 살아온 이력이나 인품도 어디에 내놔도 조금도 빠지지 않는다. 술과 담배도 안 하고 오로지 시 쓰는 것이 유일한 취미라서 시 하나로 드러내고자 했던 송암의 존재감은 이만하면 공인인증되고도 남겠다. 초발심을 놓치지 않고 끊임없이 화두를 끄집어내며 이 세상 모든 그리움을 혼자 가슴에 품은 듯 살아온 송암 김선우 시인, 사소한 일상 잡사까지도 그의 시상에 잡히면 희한하게도 그리움의 연기가 모락모락 솟아오르는 풍경으로 바뀐다.

송암 김선우 시인의 시는 무명옷처럼 소박하다. 내용이나 형식에서도 모든 시가 일정한 질서와 틀을 유지하고 있어 읽기도 쉽고 전하고자 하는 뜻을 이해하는데 부담이 덜하다. 불교 신자답게 "평범한 것이 가장 훌륭한 것이다. 억지로 잘하려고 하지 말라"는 임제록의 말씀을 곧이곧대로 따른듯하다. 너무나 당연한 일이지만, 세상에 있는 모든 소잿거리들은 누구에게나 공평하게 전면 공개되고 있다. 그의 시는 어느 소재이든 간에 주제가 일편단심 그리움으로 귀착된다. 이제는 '그리움'의 방면에는 거의 도통의 경지에 이른 듯하다.

시인은 역시 시로 말한다. 현실을 바라보는 융숭 깊은 눈이 밝아지고 귀가 튄 시편들을 모아 이순 이후에 소낙비 퍼붓듯 세월의 무게가 담긴 삶의 이력서이며 비망록인 시집을 연달아 펴냈다. 지치지 않는 왕성한 노익장을 과시하면서 용맹정진하는, 지금이 바로 송암 김선우 시인의 제2의 전성기다.

꼬마 시인 김동수 작은 시집

행복한 주말

김동수

- 경기도 화성 효행초등학교 5학년
- 2016년 한국발달독서치료협회 치유의 시 공모전 입상
- 2016년 황구지천 생태환경축제기념 그림그리기대회 우수상 수상
- 2017년 주간 한국문학신문 청소년문학상 대상 수상

하늘

온 세상은 하늘
지구에는 푸른 하늘
저 밝은 하늘이 없어진다면

반짝반짝
검은색 바탕에 반짝이는
노란색 점이 없어진다면

하얀 콩떡에서
노란 콩이 빠져나간 것처럼
서운하지 않을까

-『21문학시대』 2019년 창간호

아름다운 별

하늘에 작은 별
밤을 비춰주는 노란 별

까만 밤에 환한 별
이를 죽이는 나쁜 해

하지만
해도 잠시
달에게 사라진다

　　　　　　　　　－『국보문학 동인문집』제26호 2018년 가을

별

창밖에
밤하늘 바라보다

괜시리
가슴이 덜컹 두근두근 댄다

허공에 떠있는
저 별들이 우수수 떨어지면
어떻게 찾지
내가
좋아하는 별들인데…

-『한국국보문학』2018년 1월호
청소년 문학상 수상자 작품

우주

별이 빛나는 곳
동그란 행성들이
눈에 들어온다

수, 금, 지, 화, 목, 토, 천, 해, 명
모두 아름답다

외계인은 있을까?
그것이 알고 싶다

—『한국국보문학』 2018년 7월호

눈사람

눈사람은
항상
가만히 서 있다

햇빛은
눈사람을 녹인다

눈사람은
겨울에만 살고 있다

-『한국국보문학』 2018년 7월호

로봇

감정이 없는 고철
사람들에 의해
만들어진 로봇

사람들의 마음을
헤아릴 수 없는 그것은
로봇 아닌 고철

―『한국국보문학』 2018년 7월호

엄마

날 칭찬해줄 땐 천사
야단칠 땐 악마

잘해줄 땐 기쁘고
혼내줄 땐 슬프다

그러나
난 울 엄마 존중해준다
그래서
울 엄마가 최고다

―『국보문학 동인문집』제26호 2018년 가을

울 엄마

온 가족을
보살펴주는 울 엄마

온 가족을
사랑하는 울 엄마

그래서
울 엄마는

우리 가족의
영원한 등불이다

-『한국국보문학』 2018년 1월호
청소년 문학상 수상자 작품

문어

맛있는 문어
오물오물 씹어 먹는 문어

엄마는
입을 오므리며
오물오물 맛있게 먹네

나풀나풀 문어
나도
엄마처럼 오물오물
먹고 싶다

-『한국국보문학』2018년 10월호

바람은 변덕쟁이

바람아 바람아
너는
어디서 와서
어디로 가니?

너는
어느 날은 세게 불고
어느 날은
살랑살랑 시원하게 불고
어느 날은
한점 바람도 없이
나를
덥게도 하고

나는
참
궁금하단다

-『한국국보문학』 2018년 1월호
청소년 문학상 수상자 작품

여름

여름엔 차가 왜 막힐까?
왜? 왜?
더워서 수영장 가려고

여름엔 왜 전기세가
많이 나갈까?
왜? 왜?
더워서 에어컨을 쓰니까

여름엔 왜
미니 선풍기를 가지고 다닐까?
왜? 왜?
더워서 학교에 가져가
바람을 쐬려고

-2018년 『한국국보문학』 1월호
청소년 문학상 수상자 작품

비 오는 날

비가 내린다

아기 사과들이
파란 알몸으로 비를 맞고 있다

사과나무도
우산을 쓰지 않은 채
그 비를 다 맞고 있다

아기 사과들이 감기들까 봐
이파리로 비를 막아준다지만
아기 사과들은 보란 듯이
더 맑게 파랗다

아기 엄마 나무는
아기를 주렁주렁 매달고
슬프게 울고 있다

―『한국국보문학』 2018년 1월호
청소년 문학상 수상자 작품

번개

우르르 쾅쾅
천둥소리 시끄럽다

우르르 쾅쾅
공부할 때
노래들을 때

오늘따라 천둥 · 번개가
계속 괴롭힌다

비가 오려나!

―『한국국보문학』 2018년 10월호

추석

추석은…

할아버지
할머니 만나는 날

한복 입고
조선 시대로 돌아가는 날

복주머니가 가득 차는 날
옛날 드라마 보는 날

그리고
내가 왕이 되는 날

―『한국국보문학』 2018년 1월호
청소년 문학상 수상자 작품

닮은꼴

아빠는
나만 보면 끌어안고
볼에 뽀뽀한다
우리 할아버지도 나만 보면
끌어안고
볼에 뽀뽀를
하며
할아버지 하시는 말씀
"요놈, 애비 어려서 똑 닮았어."
그 말씀을 받아 나는
"아니에요. 아빠가 꼭
할아버지 닮았어요."

그렇게
할아버지와 나는
행복한 주말을 보냈다

―『21문학시대』2018년 창간호

짤막한 대화
―어린이날

난
5학년이 됐어도
할아버지 만나면 품에 안긴다

"할아버지
할아버지는 왜 내가 좋아?"

"왜라니?
그냥 좋다 임마.
넌 할아버지가 왜 좋은데?"

"나두 할아버지가 그냥 좋아."
.
.
.
그날 용돈도 받고
웃음 만발
행복한 하루를 보냈다.

―『한국국보문학』 2019년 7월호

자랑스러운 우리나라

난
우리나라가 자랑스럽다
내가 보고 듣는
태극기
훈민정음
숭례문
애국가
무궁화도 아름답다

눈을 감고
무궁화꽃 향기를 맡아본다
향기도 아름답다

난
우리나라
모든 것을 아끼고
사랑한다

-『한국국보문학』 2018년 1월호
청소년 문학상 수상자 작품

학교

학교 종이 울린다
친구들은 자리에 앉는다

40분이 흐르면
쉬는 시간이 된다

친구들은 왁자지껄
떠들썩하게 대화를 나눈다

우리들은
이렇게 항상 반복된다

-『한국국보문학』 2018년 5월호

친구

친구와는
우정을 나눌 수 있어야
친구다

삶에 꼭 필요한 존재
1명 3명 7명 100명
많을수록
우정은 늘어난다

외톨이가 되어
친구가 없다면…

마음이 친구

-『한국국보문학』 2018년 10월호

□ **작품 해설**

반짝반짝 빛나는 꼬마 시인의 꿈
꼬마 시인 김동수의 작은 시집 『행복한 주말』

경암 **이원규**
시인·문학평론가

　누구나 시를 쓰려면 소재를 찾기 위해 생활 주변을 관찰하고 일상에서 일어나는 생각과 경험을 바탕으로 상상력의 세계를 펼치게 된다. 반복되는 일상도 남달리 보고 하찮은 사물이나 조그마한 현상의 변화와 자연의 법칙에도 관심을 두면서 그 의미를 캐내는 것도 글쓰기의 한 방법이다. 시의 소재라는 것이 따로 정해져 있는 것이 아니다. 작은 것에서도 깊은 울림이 있는 새로운 뜻을 찾아내며 감동을 주면 된다.
　요즘 아이들의 발칙한 상상력에 깜짝깜짝 놀랄 때가 있다. 어른들의 세대는 의식주가 불편한 시대의 삶이었기에 그러하겠지만, 그때는 주로 '배고픔'을 이기기 위해 '공부 열심히 해서 훌륭한 사람이 되겠다'는 투의 글을 '숙제'로 썼었다. 숙제가 아닌 담에는 굳이 써야 할 필요

성조차 없었다는 표현이 더 적절하겠다.

  어린이 시는 쉽고 단순해 보이기 때문에, 마음만 먹으면 누구나 쓸 수 있다고 생각하기 쉽다. 그러나 글이라는 것은 막상 쓰려고 들면 생각했던 만큼 쉽게 써지지 않는다. 왜 그럴까? 나이가 들면 욕심이라는 게 생기고 동심도 욕심에 의해 상처가 생기면서 변질한다. 더군다나 마음속의 눈이 상당히 흐려진 탓이다.

> 온 세상은 하늘
> 지구에는 푸른 하늘
> 저 밝은 하늘이 없어진다면
>
> 반짝반짝
> 검은색 바탕에 반짝이는
> 노란색 점이 없어진다면
>
> 하얀 콩떡에서
> 노란 콩이 빠져나간 것처럼
> 서운하지 않을까
>
> —「하늘」 전문
> 『21문학시대』 창간호 · 봄 2019년

> 하늘에 작은 별
> 밤을 비춰주는 노란 별
>
> 까만 밤에 환한 별
> 이를 죽이는 나쁜 해

하지만
해도 잠시
달에 사라진다
―「아름다운 별」 전문
『국보문학 동인문집』 제26호 2018년 가을

 '하늘'이나 '별'은 특별한 소재도 아니다. 누구나 한 번쯤은 글짓기를 통해서 써봤을 것이다. 그런데, 꼬마 시인 김동수 군의 눈은 보통 사람들과 다른 모양이다. 그렇다고 신체의 눈이 특별나게 생겼다는 말이 아니다. '마음속의 눈'이 보통 사람과는 확실히 다르다. 눈에 보이는 것만이 아닌 새로운 것, '콩떡'까지 보고 있다. 평범한 것을 새롭게 보고 이해하려는 마음의 눈이 밝은 어린이다. 그래서 꼬마 시인이다.
 평범한 소재로 자기 생각을 이렇게 솔직하게 쓰면 시가 된다. 「하늘」은 첫 연부터 "저 맑은 하늘이 없어진다면"이라더니, 두 번째 연에서는 "노란색이 없어진다면"이라면서 걱정이 태산이다. 그런데 마지막 연에서 "하얀 콩떡에서/노란 콩이 빠져나간 것처럼/서운하지 않을까"로 상황을 확 바꾸었다. 큰 걱정거리로 생각하면서도 재치와 유머가 넘치는 아이다운 상상력으로 시를 깔끔하게 마무리했다. 「아름다운 별」도 마찬가지다. '별'을 주제로 썼기 때문에 별을 두둔하는 것은 당연하다. "까만 밤에 환한 별"이다. 하지만 해가 뜨면 사라지는 별, 그래서 '해'는 '나쁜' 것으로 설정했고, 그 "해도 잠시/달에 사라진다"는 식으로 별의 친구인 '달'을 지원군으로 데려왔다. '아름다운 별'과 다정한 친구가 된 동수 군의 꿈도 '반짝반짝' 빛나고 있다.

> 허공에 떠있는
> 저 별들이 우수수 떨어지면
> 어떻게 찾지
> 내가
> 좋아하는 별들인데…
>
> —「별」부분
> 『한국국보문학』 2018년 1월호
>
> 수, 금, 지, 화, 목, 토, 천, 해, 명
> 모두 아름답다
>
> 외계인은 있을까?
> 그것이 알고 싶다
>
> —「우주」부분
> 『한국국보문학』 2018년 7월호

새로운 발견은 또 하나의 새로운 가능성으로 가는 통로가 된다. 꼬마 시인의 별에 대한 집념은 멈추지 않는다. 어른들의 글에서는 찾아보기 힘든 티 없는 마음이 고스란히 별에 다가서고 있다. 이러한 따스한 마음, 아름다운 마음, 간절한 마음 그리고 무엇보다도 어린이다운 궁금증과 호기심이 작품마다 깊이 박혀 눈부시게 반짝거린다. 방탄소년단이 "그럴 수만 있다면 물어보고 싶었어/그때 왜 그랬는지 왜 날 내쫓았는지/어떤 이름도 없이 여전히 널 맴도네"라면서 부르는 '134340'이라는 제목의 노래가 있지요. 꼬마 시인이 태어나기도 전인 2006년 8월 24일 자로 국제천문연맹(IAU)에서는 태양계 행성 중에서 가장 작은 명왕성을 퇴출하고 '명왕성'이라는 이름 대신 '소행성 134340'이라고 부르게 됐다. 「별」에서는 "저 별들이 우수수 떨어지면/어떻게 찾지"하더니, 「우주」에서는 "외계인은 있을까?"라면서 궁금증이 또 하나 더 늘었다.

   눈사람은
   항상
   가만히 서 있다

   햇빛은
   눈사람을 녹인다

   눈사람은
   겨울에만 살고 있다
             –「눈사람」 전문
           『한국국보문학』 2018년 7월호

   감정이 없는 고철
   사람들에 의해
   만들어진 로봇

> 사람들의 마음을
> 헤아릴 수 없는 그것은
> 로봇 아닌 고철

-「로봇」전문
『한국국보문학』 2018년 7월호

　우주까지 도달했던 꼬마 시인의 상상력은 이내 다른 데로 관심을 돌린다. 이번에는 사람이 아닌 「눈사람」과 「로봇」에 대해 말한다. "눈사람은/겨울에만 살고", 로봇은 "감정이 없는 고철"이라서 불만이다. 또한 "눈사람은/항상 가만히 서 있고" 로봇은 "사람들의 마음을/헤아릴 수 없다"고 불평한다. 어른이 된 우리가 어렸을 적에는 이렇게 쓰지 못했다. 무엇인가 더 보태고 설명하면서 환상의 세계로 끌고 갔을 것이다. 초등학교 4학년 때의 작품임에도 불구하고 논리적이고 현실적으로 세상을 본다. 요즘 아이들은 자기 생각에 비춰 이치에 맞지 않으면 왜 그러냐고 그 이유를 당연히 따져 묻는다. 어린애들의 유전자가 21세기 들어와서 확실히 바뀌긴 바뀐 모양이다.

> 날 칭찬해줄 땐 천사
> 야단칠 땐 악마
>
> 잘해줄 땐 기쁘고
> 혼내줄 땐 슬프다

그러나
난 울 엄마 존중해준다
그래서
울 엄마가 최고다
―「엄마」 전문
『국보문학 동인문집』 제26호 2018년 가을

그래서
울 엄마는

우리 가족의
영원한 등불이다
―「울 엄마」 부분
『한국국보문학』 2018년 1월호

나풀나풀 문어
나도
엄마처럼 오물오물
먹고 싶다
―「문어」 부분
『한국국보문학』 2018년 10월호

  아이들과 대화하면 사실을 감추지 않고 보이는 그대로 말한다. 따라서 어른들도 깊이 고민할 필요가 없다. 말하는 그대로 들어주면 그 아이와 소통이 된다. 어른들은 아이에게 공부하라고 강요한다. 그러나 아이들 주위에는 공부보다 훨씬 더 자극적인 놀잇감들이 널려 있다. 학교에서 집으로 돌아온 아이들이 책을 펼쳐 읽는다는 게 쉽지 않은 환경이다.

「엄마」와 「울 엄마」는 엄마에 대한 깊은 믿음과 사랑이 듬뿍 담겨있는 시다. 동수 군도 엄마가 "날 칭찬해줄 땐 천사/야단칠 땐 악마"라고 말하지만 그래도 "난 울 엄마를 존중해준다", "우리 가족의/영원한 등불이다"라는 기특한 생각도 하고 엄마를 치켜세울 줄도 안다. 아이의 모든 행동은 어른을 보고 따라 한다. 하다못해 '문어'를 먹을 때도 "나도/엄마처럼 오물오물/먹고 싶다"라고 한다. 아이는 어른들 하는 행동을 그대로 흉내 내면서 몸에 익힌다. 그래서 '세 살 버릇 여든 간다'는 속담은 제대로 맞는 말이다.

너는
어느 날은 세게 불고
어느 날은
살랑살랑 시원하게 불고
어느 날은
한점 바람도 없이
나를
덥게도 하고

나는
참

궁금하단다
                    −「바람은 변덕쟁이」부분
            『한국국보문학』2018년 1월호

여름엔 차가 왜 막힐까?
왜? 왜?
더워서 수영장 가려고

여름엔 왜 전기세가
많이 나갈까?
왜? 왜?
더워서 에어컨을 쓰니까

여름엔 왜
미니 선풍기를 가지고 다닐까?
왜? 왜?
더워서 학교에 가져가
바람을 쐬려고
                        −「여름」전문
            『한국국보문학』2018년 1월호

아기 사과들이 감기들까 봐
이파리로 비를 막아준다지만
아기 사과들은 보란 듯이
더 맑게 파랗다
                    −「비 오는 날」부분
            『한국국보문학』2018년 1월호

우르르 쾅쾅
공부할 때
노래들을 때

오늘따라 천둥 · 번개가
계속 괴롭힌다

비가 오려나!

―「번개」부분
『한국국보문학』 2018년 10월호

　어린이가 쓰는 시는 동심의 세계이다. 그 세계는 수직이 아닌 수평의 평등한 세계를 희망한다. 앞에서도 얘기했듯이 어른들은 어렸을 때 지녔던 곱고 순수했던 동심을 세상살이에 시달리면서 대부분 잃어버렸다. 어린이는 이것저것 재지 않고, 어물어물하지 않으며, 날것 그대로 표현한다. 때로는 말이 안 될 때도 있고, 말의 차례가 뒤바뀌기도 하고, 이 말 했다가 저 말 했다가도 한다. 때 묻은 어른의 측면에서 보면 엉뚱한 말을 내뱉는 것처럼 보일 것이다. 어른들처럼 둘러대며 군더더기 말을 덧붙이거나 복잡하게 설명하지 않기 때문이다.
　「바람은 변덕쟁이」처럼 아이의 눈높이로 세상을 보면 궁금한 게 참 많다. 「여름」에서도 차가 막히는 것이 "더워서", 전기세가 많이 나오는 것도 "더워서", 미니 선풍기를 가지고 다니는 것도 "더워서"라듯이 이유도 간단한

데 말이다. 「비 오는 날」에서는 아예 사물 사이에 경계를 두지 않고 사과도 마치 사람처럼 대접한다. 나무와 비는 물론 바람, 천둥, 번개, 에어컨, 선풍기 등에 이르기까지 사람과 똑같은 인격자로 대한다. 하다못해 사람에게 이롭지 못한 조그만 벌레도 함부로 대하는 법이 없고 함께 살아가야 할 식구로 여긴다. 꼬마 시인은 「비 오는 날」에서도 "아기 사과들이 감기들까 봐/이파리로 비를 막아준다"면서 '엄마의 사랑'을 고맙게 표현하는 매력을 발산한다.

   복주머니가 가득 차는 날
   옛날 드라마 보는 날

   그리고
   내가 왕이 되는 날
—「추석」부분
『한국국보문학』2018년 1월호

   아빠는
   나만 보면 끌어안고
   볼에 뽀뽀한다
   우리 할아버지도 나만 보면
   끌어안고
   볼에 뽀뽀를
   하며
   할아버지 하시는 말씀
   "요놈 애비 어려서 똑 닮았어."

그 말씀을 받아 나는
"아니에요. 아빠가 꼭
할아버지 닮았어요."

—「닮은꼴」부분
『21문학시대』창간호 · 봄 2018년

난
5학년이 됐어도
할아버지 만나면 품에 안긴다

할아버지
할아버지는 왜 내가 좋아?

왜라니
그냥 좋다 임마
넌 할아버지가 왜 좋은데?

나두
할아버지가 그냥 좋아
.
.
.
그날 용돈도 받고
웃음 만발
행복한 하루 보냈다.

—「짤막한 대화 –어린이 날」전문
『한국국보문학』2019년 7월호

「추석」과 「닮은꼴」 그리고 「짤막한 대화」는 가족과 만남을 시로 썼다. 요즘에는 옛날처럼 한집안에서 피붙이들이 함께 살지 않기 때문에 특별한 날이나 명절이 돼야

한자리에 모인다. 명절에는 아이들도 혼내지 않고, 공부하라고 강요하지도 않는 완전한 자유의 시간이다. 그야말로 아이들이 '왕이 되는 날'이다. 꼬마 시인은 주말에도 할머니 할아버지를 만나러 왔던 모양이다. 아빠와 할아버지는 "나만 보면 끌어안고", "볼에 뽀뽀한다"라면서 "요놈 애비 어려서 똑 닮았어."/그 말씀을 받아 나는/"아니에요. 아빠가 꼭/할아버지 닮았어요."라는 재치 있는 답변으로 할아버지와 한 핏줄임을 확인한다. 「짤막한 대화」에서처럼 가족은 좋아하는 이유가 따로 있을 수 없다. '그냥' 좋은 게 피와 살을 나눈 가족이다.

> 눈을 감고
> 무궁화꽃 향기를 맡아본다
> 향기도 아름답다
>
> 난
> 우리나라
> 모든 것을 아끼고
> 사랑한다
> —「자랑스러운 우리나라」 부분
> 『한국국보문학』 2018년 1월호

> 친구들은 왁작지껄
> 떠들썩하게 대화를 나눈다

우리들은
이렇게 항상 반복된다

―「학교」 부분
『한국국보문학』 2018년 5월호

삶에 꼭 필요한 존재
1명 3명 7명 100명
많을수록
우정은 늘어난다

―「친구」 부분
『한국국보문학』 2018년 10월호

 할아버지 김선우 시인에게 「국유연후유신」이 있다면 손자 꼬마 시인 김동수는 「자랑스러운 우리나라」가 있고, '화원'이 있다면 '학교'가 있다. 이제는 할아버지의 화원은 문을 닫았지만, 꼬마 시인의 학교는 지금부터 시작하는 길고 긴 사회생활이다. 또한 꼬마 시인의 친구는 '1명 3명 7명 100명'으로 점점 늘어나지만, 할아버지의 친구는 삶을 마치고 저세상으로 가는 어르신들이 늘어나서 거꾸로 '100명 7명 3명 1명'으로 자꾸 줄어든다. 어떤 어른들은 꼬마인 김동수 군이 '삶에 꼭 필요한 존재'라는 대목에서 '삶'을 이해하며 썼겠느냐고 따질 수도 있다. 동수 군이라고 '삶'을 모를 리 있겠는가. 또 모르고 썼다고 한들 무슨 문제가 되겠는가. 어차피 삶이란 사람의 일이다. 너무 빡빡하게 시를 읽을 필요는 없다. 노벨

문학상도 "가장 보편적인 가치 기준"을 중시하고 있지 않던가.

 꼬마 시인의 작은 시집『행복한 주말』을 읽는 동안 천진스러운 아이의 말과 생각에 혼자 웃음이 터지기도 하고, 마음이 따스해지는 대목에서는 가슴이 뭉클하기도 했다. 시 속의 아이와 친구처럼 쿵쿵 뛰기도 하고 깔깔깔 웃기도 하며 즐겁게 놀면서 마지막 장에 이르니, 아이의 마음이 고스란히 내 가슴으로 옮겨 와 참 따스하고 훈훈해졌다.
 맑고 따스한 마음으로 세상을 바라보는 아이들 눈에는 새롭고 신비로운 것, 궁금한 것, 이해가 잘 안 되는 일들이 참 많았다. 때 묻은 어른들은 자기 이익을 마음 바닥에 깔아놓겠지만, 욕심 없는 아이들은 아주 깨끗한 속마음을 있는 그대로 보여준다. 꼬마 시인의 호기심과 궁금증이 단순하고 싱거운 질문이라는 어른의 생각부터 일단은 바뀌어야 한다. 이참에 꼬마 시인 김동수 군의 행복한 상상이 모든 아이에게도 골고루 전해졌으면 좋겠다. 마지막으로 불교 경전의 하나인 '무량수경'에 나오는 귀한 말씀을 받아 적으면서 즐거운 마음으로 마무리한다.
 "아버지의 사랑은 무덤까지 이어지고, 어머니의 사랑은 영원까지 이어진다." 그렇다면 "할아버지와 할머니의 사랑은 어디까지 이어질까?"

□ 시인의 발자취

경기도 오산시 출생(1945. 6. 28.)
오산 화성 예비군 중대장 역임
오산 화성 재향군인회장 역임
오산시 새마을회장 역임

수도군단장 표창장
63훈련단장 표창장
국방부장관 표창장
경기도 재향군인회 공로패
대한민국 재향군인회 공로패
제1회 자랑스런 오산인상(1992)
새마을운동 중앙회 공로상(2007)

2008 월간 『문예사조』, 계간 『한국작가』 신인상으로 등단(시인)
2007 첫 시집 『들판을 적시는 단비처럼』(도서출판 아리온)
2008 제2 시집 『보름달 사랑』(도서출판 아리온)
2008 제3 시집 『오늘도 사랑이라 믿어』(갑을패)
2010 제4 시집 『밤하늘 별처럼』(동행)
2010 위인 명언록 편저 『그 말을 거울로 삼고』(동행)
2010 제5 시집 겸 문집 『이 세상에 당신이 있어 행복합니다』(동행)
2012 제6 시집 『그리운 강』(애플북스)
2014 제7 시집 고희 기념 시선집 『길에서 화두를 줍다』(지성의 샘)
2014 제8 시집 『김선우의 작은 시집』(우리동네사람들)
2016 제9 시집 『낡은 가방 속의 연가』(지성의 샘)
2016 제2 수필집 『삶의 지혜』(지성의 샘)
2017 제10 시집 『흙에서 캔 나의 노래』(도서출판 국보)

2018 명언집 편저 『이 말을 거울로 삼고』(도서출판 국보)
2018 제11 시집 『냉이꽃 편지』(도서출판 국보)
2021 제12 시집 『가시꽃이 피었다』(도서출판 국보)
2021 제13 시집 『내 삶의 길에 서서』(도서출판 국보)

2011 제2회 물향기문학상
2011 제23회 오산시민대상(애향부문)
2011 제20회 경기도문학상
2012 제23회 문예사조문학상
2014 제7회 후백 황금찬 시문학상
2015 제6회 아름다운 한국문학인상
2016 제16회 한국글사랑문학대상
2017 제2회 대한민국 문화예술 명인대전 시 명인상
2017 제1회 한국문학신문 작품상

한국연예예술인협회 오산지부 자문위원(2005~)
사)한국문인협회 시분과 회원(2008~)
문예사조문인협회 회원(2008~)
한국작가 경기남부 회장(2008~2013), 동인회 부회장(2014~)
오산시문학회 자문위원(2010~2018)
사)한국시인연대 회원(2012~)
한국시예협회 회원(2013~2016)
오산시인협회 창립 초대 회장 역임(2013~2015)
사)한국국보문인협회 자문위원(2015~)
사)국제펜클럽한국본부 회원(2015~)

송암 김선우 제12시집

가시꽃이 피었다

초판 인쇄   2021년 5월 15일
초판 발행   2021년 5월 19일

지은이 김선우
발행인 임수홍
디자인 맹신형

발행처 도서출판 국보
주 소 서울 강동구 양재대로 114길 32 2층
전 화 02-476-2757~8   FAX 02-475-2759
카 페 http://cafe.daum.net/lsh19577
E-mail kbmh11@hanmail.net

값 15,000원

ISBN 979-11-89214-53-1

· 저자와의 협약에 의해 인지는 생략합니다.
· 이 시집의 글은 저작권법에 따라 보호를 받는 저작물이므로 저자와 출판사의 동의 없이는 무단 전재 및 무단 복제를 금합니다.

· 잘못된 책은 바꾸어드립니다.